週休3日制の
設計と規程・協定

荻原 勝 著
Masaru Ogihara

経営書院

はじめに

現在、デジタル化・IT化の進展、経済の国際化・グローバル化、少子高齢化のさらなる進展、勤労者の勤労意識の多様化・個性化などに代表されるように、経営環境が激しく変化しています。

製造業も非製造業も、大企業も中小企業も、環境変化という波の中に置かれています。

現在ほど、経営環境が大きく変化する時代はかつてなかったといわれています。

このような変化に適切に対応するために、これまでの働き方を変革することの必要性が叫ばれています。

働き方改革の範囲は、雇用形態やスキルアップなどきわめて多岐にわたりますが、週休3日制も、時間外労働の削減と並んで、重要な位置を占めています。

週休3日制は、労働条件を向上させるものですから、社員の勤労意欲の向上、定着率の改善、募集・採用における優位性の確保などの効果が期待できます。しかし、時間外労働や休日労働の増加、業務処理量の減少などの可能性もあります。副業をする社員が増加するのではないかという問題も指摘されています。

週休3日制を円滑に実施するには、どのような手順を踏むのがよいのでしょうか。

週休3日制を定着させるためには、どのような点に留意する必要性があるのでしょうか。

本書は、週休3日制の進め方を実務に即して解説したものです。その内容に応じて、次の8章構成としました。

第１章　働き方改革と週休３日制
第２章　週休３日制の設計と設計例
第３章　完全週休３日制への移行スケジュール
第４章　社員の意見と希望の吸収
第５章　就業規則の変更と届出
第６章　週休３日制の労使協定
第７章　週休３日制と勤務形態
第８章　週休３日制の問題点と対策

本書の実務性を高めるために、社内で使用することのできる社内規程、労使協定、社内通知、各種の様式（フォーマット）も多数収録しました。

週休３日制についての社員の希望や意見を把握するためのアンケート調査票も紹介しました。

会社は、その規模の大きさや業種・業態の内容にかかわらず、常に業績を向上させ、成長発展することが求められています。経営環境が大きく変化する中で会社が成長発展を続けるためには、働き方改革に積極的・計画的に取り組むことが必要です。

本書が週休３日制の企画・立案、または導入・実施（あるいは、その双方）の実務において役に立つことができれば幸いです。

最後に、本書の出版に当たっては、経営書院の皆さんに大変お世話になりました。ここに記して、厚く御礼申し上げます。

2024年
荻原　勝

週休３日制の設計と規程・協定

目次

第1章

働き方改革と週休3日制

第１節

経営環境の変化と働き方改革

1　変化する経営環境

会社の経営を取り巻く環境は、これまでも常に変化してきました。しかし、現在ほど、変化の激しい時代はないといわれます。

例えば、国際化・グローバル化。商品や原材料の販売と仕入れについては、以前から国際化が進んでいましたが、最近は、金融（投資・資金運用)、情報、労働力・人材の面においても国際化が進んでいます。国際化の対象となるものの量が増大するとともに、相手国の数も増えています。

これに伴って、海外出張の人員や回数も増加しています。

いわゆるインバウンド（訪日観光客）が増加し、観光地の経済を支えていることは周知のとおりでしょう。

デジタル化の著しい進展は、経営環境の変化を代表するものです。生産から販売に至るまで、経営のすべての業務においてデジタル技術が活用されています。顧客や社員の個人情報もデジタルで管理されています。

ときおり「顧客の個人情報が何十万人分社外に流出した」というニュースが流れますが、そのような大量の個人情報の流出は、紙による管理の時代には考えられなかった不祥事です。

少子高齢化が年々進んでいることは、周知のとおりです。

図表　変化する経営環境

○国際化・グローバル化の進展
○日本で働く外国人の増加
○デジタル化・IT化の進展
○人口構造の少子高齢化
○働く高齢者の増加
○高学歴化
○雇用の分野における女性の進出（働く女性の増加）
○人手不足の深刻化
○勤労者・労働者の意識（価値観）の変化
○消費者の意識の高度化・個性化
○国民の環境意識の高まり
○経済活動に対する環境規制の強化
○その他

2　働き方改革の趣旨

このような環境変化を受けて、ここ数年、働き方を根本的に見直すことの必要性が議論されています。これまでのような働き方を継続していたのでは、環境変化に適切・効果的に対応することができないという危機感や認識がビジネスの世界で高まりつつあります。

働き方改革の趣旨の１つは、「ゆとりのある働き方の提供」「長時間労働の是正」です。

これまでは、長時間働くことが良いこととされてきました。年次有給休暇（年休）をほとんど取得せずに働くこと、深夜まで残業をすることが当然であると考えられてきました。このような中で、いわゆる過労死も発生してきました。

長時間労働は身体的・精神的なストレスを増長させます。また、創造的・独創的な仕事をすることは困難です。

そこで、ゆとりのある働き方が求められるようになりました。

働き方改革の趣旨を示すと、図表のとおりです。

図表　働き方改革の趣旨

① 生活意識・勤労意識の多様化に対応し、多様な働き方を提供すること。
② 会社の業務上の必要性よりも、社員本人の意見・希望を尊重すること。
③ 長時間労働を是正し、ゆとりのある働き方を提供すること。
④ その他

第２節
働き方改革と週休３日制

1　働き方改革の内容

（1）多岐にわたる内容

「働き方」というのは、本来的に、

・雇用形態（正社員、派遣社員、パートタイマー、フリーランス、自営、その他）
・業務内容（一般事務、営業、販売、生産、運送、研究開発、その他）
・雇用期間（終身雇用、期間契約、その他）
・勤務形態（午前９時～午後６時勤務、フレックスタイム勤務、交替制勤務、その他）

など、さまざまな分野を包含する、総括的・一般的な言葉です。

したがって、働き方改革も、雇用形態、雇用期間、勤務時間、休日・休暇など、多岐にわたります。また、多岐にわたって現状の働き方を変革しなければ環境変化に適切に対応することができないといえるでしょう。

（2）高齢者雇用と人事異動

例えば、高齢者の活躍推進。

高年齢者雇用安定法は、高齢者の安定的な雇用を確保するために、

・定年は60歳を下回ってはならない
・定年退職者が申し出たときは、65歳まで継続的に雇用しなければならない

と定めています。

これを受けて、会社は、定年退職者が申し出たときは、嘱託という身分で65歳まで再雇用していますが、嘱託になると、専門的な知識や豊かな知識があっても「定年を過ぎているから」という理由で給与が大きく減少するのが一般的です。このため、再雇用を申し出ない定年退職者もいるといわれます。

また、各種のアンケート調査によると、中高年の半数以上が「健康である限りはずっと働いていたい」と考えています。

これらのことを踏まえると、

・定年年齢の延長、または定年制の廃止
・能力に応じた高齢者給与制度
・成果、業績に応じた高齢者賞与制度

などを実施することが望ましいといえます。

また、人事異動や担当業務についてみると、これまでは、

・会社から命令されれば、どんな仕事でもする
・さまざまな仕事をして仕事の幅を広げたい
・さまざまな仕事を経験して、将来的には管理職（役職者）に昇進したい

と考える人が多数を占めていました。

しかし、最近は、

・自分の性格にマッチした仕事をしたい
・専門的な知識が活かせる仕事に専念したい

と希望する人が増加しています。

このような変化に対応して、会社は、専門職（スペシャリスト）を育成する人事制度（研修プログラム）を構築することが望まれます。

勤務時間や休日・休暇制度についても、時間的なゆとりを実感することのできる新しい制度が望まれています。

2　働き方改革の例

働き方改革は、その性格上、多岐にわたります。ここで、主要な制度改革を例示すると、図表のとおりです。

図表　働き方改革の事例

分野	事例
人事異動・配置転換	・自己申告制度の充実 ・社内公募制度 ・職種限定採用制度
キャリア形成	・進路選択制度（管理職コース・専門職コース） ・管理職育成研修 ・専門職保障採用
高齢者の活躍推進・処遇	・定年延長 ・定年制の廃止 ・高齢者の職能給制度 ・高齢者の成果賞与制度
スキルアップ	・研修計画の体系化 ・自己啓発支援制度 ・資格取得支援制度 ・社内技能検定制度 ・社内マイスター制度
女性の活躍推進	・女性社員の積極的登用 ・役職者に占める女性の比率の目標設定 ・執行役員の女性枠の設定

勤務時間・休日・休暇	・週休３日制 ・フレックスタイム制 ・深夜に及ぶ残業の原則禁止 ・定時退社ルールの決定 ・勤務時間インターバル制度 ・リカレント（学び直し）休暇制度 ・年次有給休暇の最低取得率目標の設定 ・年次有給休暇を取得しやすい職場環境の形成 ・ボランティア休暇制度 ・長期リフレッシュ休暇制度
その他	・テレワーク ・副業（サイドワーク）の容認 ・育児休職期間の延長 ・男性社員に対する育児休職の取得奨励 ・社内保育園の設置 ・介護休職期間の延長 ・遠距離介護社員の支援制度 ・不妊治療休暇・休職制度

３　週休３日制の効果

これまでは、長時間労働が奨励されてきました。個人の私生活や家族との交わりよりも、会社で働くことの方が優先されてきました。

これに対して、週休３日制は、休日を増やし、生活のゆとりを作り出すものです。労働第一主義、会社優先主義の生活に変革を迫るものです。

週休３日制は、勤務時間・休日・休暇の分野における働き方改革の代表ともいえます。

週休３日制は、休日を増加させる制度ですから、労働条件の向上です。したがって、

・社員の勤労意欲を向上させる

・会社への定着率を高める。離職・退職率を低下させる

・職場の空気を明るくする

などの効果が期待できます。

また、現在は週休２日制が一般的・支配的ですから、週休３日制の採用は、先進的・挑戦的といえます。このため、社外の人に、「先進的な会社」「チャレンジングな会社」という印象を与え、会社のイメージアップを図ることができます。

会社のイメージアップを図ることができれば、人材・労働力の募集と採用において他社よりも有利なポジションに立つことが期待できます。

第3節

週休３日制の種類

週休３日制には、さまざまな種類・タイプがあります。

・週休３日制の形態
・週休３日制の実施期間
・勤務日の勤務時間

を基準として、週休３日制の種類・タイプを示すと、図表のとおりです。

図表　週休３日制の種類・タイプ

週休３日制の形態	・月１回週休３日制 ・月２回週休３日制 ・月３回週休３日制 ・各週週休３日制 ・その他
週休３日制の実施期間	・夏季限定週休３日制 ・閑散期限定週休３日制 ・通年週休３日制 ・その他
勤務日の勤務時間	・１日10時間・週４日勤務制 ・１日９時間・週４日勤務制 ・１日８時間・週４日勤務制 ・その他

週休3日制の設計と設計例

第1節
週休3日制の設計

1　週休3日制の形態

（1）週休3日制の形態

週休3日制は、働き方改革を代表する新しい働き方の1つです。

週休3日制の形態には、主として、

・月に1週だけ週休3日とする「月1回週休3日制」

・月に2週だけ週休3日とする「月2回週休3日制」

・月に3週週休3日とする「月3回週休3日制」

・各週とも週休3日とする「完全（各週）週休3日制」

などがあります。

会社の経営方針と実力（収益性・成長性）を踏まえて、週休3日制の形態を決めることが必要です。

（2）週休3日制と勤務時間

会社の業績の向上と成長発展にとって社員の勤労意欲と定着はきわめて重要です。そのためには、労働条件の改善・向上に努める必要があります。給与や勤務時間・休日・休暇等の労働条件の改善・向上は、会社の重要な使命です。社員も、経営者が労働条件の改善・向上に取り組んでくれることを強く期待しています。

労働条件の向上という観点から判断すると、現在の週休2日制から完全（各週）週休3日制に移行するのが望ましいといえます。

しかし、週休2日制から完全（各週）週休3日制に移行すると、所定勤務時間数が減少します。

所定勤務時間数の減少は、業績（売上・受注、営業利益・経常利益等）に大きな影響を与えます。

図表　1ヶ月（4週）の勤務時間の減少

○月1回週休3日制のとき➡1日×8時間＝8時間
○月2回週休3日制のとき➡2日×8時間＝16時間
○月3回週休3日制のとき➡3日×8時間＝24時間
○月4回週休3日制のとき➡4日×8時間＝32時間

（3）現実的な対応

会社として、

・業務全般にわたるデジタル化・ＩＴ化・自動化
・業務の外注化
・業務の大幅な分社化
・中途採用による即戦力の獲得

などの対策を講じれば、週休3日制によって勤務時間が減少してもこれまでと同じ量の業務を処理することができるでしょう。

しかし、これらの対策の実施には相当のコストと時間を必要とするため、一般の会社は行うことができません。

業務・業績への影響を最小限に留めながら週休3日制を実施するという観点から判断すると、月1、2回程度の週休3日制からスタートするのが現実的でしょう。そして、売上・受注高や営業利益・経常利益・最終利益の実績を踏まえて、月1回週休3日制➡月2回週休3日➡月3回週休3日➡各週週休3日というように段階的に週休日を増加させていくのが賢明でしょう。

2　週休３日制の実施時期

（1）期間限定制と通年制

週休３日制の実施時期については、

・特定の期間に限定して実施する

・年間を通じて実施する

という２つの対応が考えられます。

先に述べたように、週休３日制による休日の増加は労働条件の向上です。社員にとって好ましいことです。働く意欲を高めるものです。

労働条件の向上という点から判断すると、現在の週休２日制から各週週休３日制に移行するのが望ましいといえます。しかし、一挙に各週週休３日制に移行すると、勤務時間の減少により業績が低下する可能性があります。

会社の規模を問わず、また業種・業態のいかんにかかわらず、業績の低下・低迷・不振ほど残念なことはありません。

業績への影響を最小限に留めて週休３日制に移行するという観点から判断すると、特定の期間に限定して週休３日制をスタートさせるのも現実的な対応といえます。

この場合、特定の期間としては、夏季、閑散期などが考えられます。

（2）夏季週休３日制

夏季は、

・暑くて仕事の能率が上がらない

・取引先の多くが夏休みを実施する

・一般に取引の量が少なくなる

・子どもが夏休みで家にいる

など、特別の事情があります。このため、週休３日制を実施するのにふさわしいといえます。週休日を増やしても、業績への影響が少ないといえます。

夏季（例えば、７～９月）に限定して週休３日制を実施するというのは現実的な対応といえます。

（３）閑散期週休３日制

経営者の立場からすると、１年を通して忙しいのが望ましいでしょう。常時残業をしなければならないほど、仕事が集中するのがありがたいかもしれません。

しかし、現実には、季節性、取引先の経営事情、あるいは消費者の消費行動・購買態度などによって、業務の量に変動が生じます。繁忙期、通常期、閑散期が生じます。

季節によって業務の量に一定の変動のある会社は、閑散期に限って週休３日制を実施するのが現実的です。

図表　夏季・閑散期限定の週休３日制の種類

<table>
<tr><td rowspan="4">夏季限定週休３日制</td><td>夏季月１回週休３日制</td></tr>
<tr><td>夏季月２回週休３日制</td></tr>
<tr><td>夏季月３回週休３日制</td></tr>
<tr><td>夏季各週週休３日制</td></tr>
<tr><td rowspan="4">閑散期限定週休３日制</td><td>閑散期月１回週休３日制</td></tr>
<tr><td>閑散期月２回週休３日制</td></tr>
<tr><td>閑散期月３回週休３日制</td></tr>
<tr><td>閑散期各週週休３日制</td></tr>
</table>

３　休日の与え方と曜日

休日の与え方には、

・３日とも全社員いっせいに与える

・３日とも個人別に与える

・１日または２日は全社員いっせいに与え、残りは個人別に与えるの３つがあります。

全社員にいっせいに与える日について、その曜日を決めます。

４　勤務日の勤務時間

（１）２つの対応

勤務日の勤務時間の取り扱いには、

・週休２日制のときと同じとする

・勤務時間を長くする

という２つの対応があります。

労働条件の向上という観点から判断すれば、当然のことですが、勤務時間は、週休２日制のときと同じとすべきです。いままで１日８時間勤務であれば､週休３日制においても８時間勤務とすべきです。

勤務時間をこれまでと同じままにして週休３日制に移行すると、休日が増える分だけ週の勤務時間が減少します。勤務時間が少なくなれば、１週間の業務の処理量も少なくなります。週休３日制への移行に伴う業務の処理量の減少を少しでも少なくしたいというのであれば、勤務時間を延長する以外に有効な方法はありません。１日の勤務時間をこれまでの８時間から９時間、あるいは10時間に延長するという方策を選択することになります。

（２）勤務日の勤務時間延長の留意点

勤務日の勤務時間を８時間から８時間超（例えば、９時間、10時間）に延長する場合には、次の点に留意することが必要です。

①　社員の理解を得る

労働基準法が８時間勤務の原則を定めていることから８時間勤務制が広く採用され、定着しています。このような事情も影響して、社員の中には「１日の勤務時間は８時間がちょうどよい」「勤務時間を８時間より長くするのは反対だ」と考えている人が少なくないと思われます。

会社は、勤務時間についての社員の考えを尊重することが大切です。

週休３日制への移行に伴って勤務日の勤務時間を延長するときは、その延長時間の長さにかかわらず、延長の必要性（これまでと同じ量の業務を処理するためには、勤務時間を延長することが必要であること）を社員によく説明し、理解を求めます。社員の理解を求めることなく、会社の判断だけで一方的に週休３日制に移行するのは避けるべきです。

②　勤務時間の上限

周知のように、労働基準法は、週の勤務時間を40時間と制限しています。したがって、週の勤務日数を４日とすると、１日の勤務時間の上限は10時間となります。

5　祝日等の取り扱い

（1）国民の祝日

子どもの日、憲法記念日などの国民の祝日は、労働基準法で定める休日ではありません。祝日を休日とするかどうかは、会社の自由です。厚生労働省では、「祝日の趣旨からして休日とすることが望ましい」としています。

現在、祝日を休日扱いとしている会社は、

・これまでどおり休日とする

・週休３日制と引き換えに勤務日とする

・祝日の一部を勤務日とする

のいずれかを選択します。

（2）夏季休日

夏季に、

・暑くて仕事の能率が落ちる

・取引先や同業者が夏休みを実施している

・子どもが夏休みで家にいる

などの事情に配慮して特別休日を与えている会社が多くあります。

夏季特別休日制度を実施している会社は、

・これまでどおり実施する

・週休３日制と見返りに廃止する

・日数を短くする

のいずれかを選択します。

第2節
勤務時間と人材

1　勤務形態の変更の検討

週休３日制に移行すると勤務時間数が少なくなります。少なくなった勤務時間で多くの仕事を処理するためには、勤務時間を仕事の量に合わせて少しでも有効に活用することが必要です。

全社員の勤務時間を「午前９時～午後６時」というように一律に定めている会社は、変形労働時間制、時差勤務制、セレクティブタイム制、フレックスタイム制など、柔軟な勤務形態への変更を検討するとよいでしょう（勤務形態の変更については、「第７章　週休３日制と勤務形態」を参照してください）。

図表　勤務形態変更の検討ポイント

○現在の勤務時間帯は、仕事の繁閑によく対応しているか
○現在の勤務形態で、週休３日制移行に伴う時間外勤務の増加を抑制することができるか
○社員は現在の勤務形態に満足しているか
○その他

2　時間外勤務・休日勤務の増加抑制策

週休３日制に移行すると、勤務時間数が少なくなるため、時間外勤務、休日勤務が増加する可能性があります。時間外勤務・休日勤務がある程度増加するのはやむを得ないとしても、大きく増加する

のは経営的に判断して問題です。

時間外勤務時間の上限目標の設定など、時間外勤務と休日勤務の抑制策を具体的に定めるのがよいでしょう（時間外勤務・休日勤務の抑制策については、「第８章　週休３日制の問題点と対策」を参照してください。

3　会議と出張の生産性向上

（1）会議の効率化

会議は、指示命令の効率的・統一的な伝達、参加意識の高揚、情報の共有化などの効果を持っています。このため、しばしば会議が開かれます。しかし、会議に費やされる時間は軽視することができません。

週休３日制の下では、勤務時間を有効に活用する必要があります。会議のオンライン化を奨励するとともに、会議の時間制限など、会議開催のルールを定めるのがよいでしょう。

図表　会議のルールの例

1　会議は、原則としてオンラインで行う
2　会議の時間は２時間以内とする
3　あらかじめ開始時刻と終了時刻を決め、出席者に通知する
4　予定時刻の前に議事が終了したときは、その時点で散会する
5　あらかじめ司会者を決めておく。発言は司会者の許可を得て行う
6　会議中は、会議に専念しなければならない。中座したり、他の業務をしたりしてはならない
7　主催者は、会議用の資料があるときは、必ず事前に配信するものとする
8　出席者は、事前に配信された資料に必ず目を通しておかなければならない

9　決定事項があるときは、最後に全員でその決定事項を確認することとする
10　主催者は、会議の経緯と結果を記載した議事録を作成するものとする

（2）出張の効率化

ビジネスを円滑に行っていくうえで、出張は必要不可欠です。

限られた勤務時間を有効に活用するという観点から、国内出張について、オンライン出張の励行(社内の他の事業所への出張の場合)、事前の合理的な業務スケジュールの作成、出張する人員の絞り込み、日帰り出張の励行などの措置を講じるとよいでしょう。また、出張については、みなし労働時間制を適用します。

4　社内人材の活躍の場

（1）女性の活躍の場

高学歴化などを踏まえて、能力と意欲のある女性社員が増加しています。しかし、役員や役職者の認識不足などから女性社員がその能力と意欲を発揮できていない会社が少なくないといわれます。

週休3日制のもとで会社が一定の業績を上げるためには女性社員の活躍の場の確保が必要不可欠です。

役職者の意識変革のための研修実施など、女性社員の活躍の場の確保に積極的・計画的に取り組むことが求められます。

図表　女性社員の活躍対策

1　女性社員を配置する職場の拡大
2　女性社員の業務範囲の拡大
3　一般職（補助職）から総合職への転換の制度化
4　女性社員の活用に関するプロジェクトチームの設置

5　役職者に占める女性の比率の目標値の設定
6　女性社員の活躍に関する役職者研修の実施
7　その他

（2）高齢者の活躍の場

豊かな経験、高い能力、仕事への強い意欲を持っているにもかかわらず、ただ単に「高齢だから」という理由で、雑用を命令されたり、あるいは閑職においやられている高齢者が少なくないといわれます。

週休3日制の下では、活用することのできる人材はすべて有効に活用することが必要です。高齢者がその経験・能力・意欲を発揮することのできる仕組みづくりに取り組む必要があります。

図表　高齢者の活躍のポイント

○定年前と同一の業務（管理的業務は除く）を担当させる
○職業資格を保有しているときは、その資格を活かせる業務を担当させる
○本人の希望をできる限り尊重する
○深夜勤務や休日勤務は原則として命令しない
○本人が希望すれば、65歳まで継続的に雇用する
○その他

5　応援派遣制度の整備

仕事が忙しい時期は、部門によって異なります。ある部門では残業をしなければならないほど忙しいのに、ある部門では仕事が少なく時間を持て余しているという期間があります。週休3日に移行しても、この状況に変化は生じないでしょう。

週休３日制の下では、勤務時間を少しでも有効に活用する必要があります。このため、仕事の量が少ない部門から仕事が忙しい部門へ一時的に社員を派遣する「応援派遣制度」を整備し、労働力（人材）の一時的なミスマッチを解消することが望ましいといえます。

図表　応援派遣制度の効果

1	多忙部門における時間外勤務の長時間化を抑制することができる
2	部門間の人的交流を促進することができる
3	全社的な一体感・連帯感を形成できる
4	派遣される社員の能力育成を図れる
5	その他

6　職務権限の見直し

週休３日制では、勤務時間が短くなります。このため、週休２日のとき以上に会社としての意思決定を迅速に行うことの必要性が高まります。

意思決定が迅速・的確に行われるためには、職務権限が適切に配分されていることが必要です。特定の役職者に権限が集中しているというのは、好ましいことではありません。

これまでの経緯や、特定の役職者の思惑にとらわれることなく、ビジネスライクに、職務権限の見直しを行うことが必要です。

7　プロジェクトチーム制の活用

現在は、経営環境が激しく変化する時代です。

週休３日制の下で経営環境の変化に迅速・的確に対応するための１つの工夫は、いわゆるプロジェクトチーム制の活用です。

プロジェクトチーム制について、その設置基準、設置手続き、メンバーの人選、活動（チームの運営）などの基準を定めておくのが望ましいといえます。

図表　プロジェクトチーム制度の効果

1	重要な経営課題に対して組織として迅速に対応することができる
2	メンバーを各部門から選任することにより、経営課題への対応に万全を期すことができる
3	部門間の人的交流を促進することができる
4	中堅社員、若手社員をメンバーに選任することにより、チャレンジングな組織風土を醸成できる
5	その他

8　自己啓発の支援

職業と仕事をめぐる環境が年々大きく変化しています。このような状況のなかで、長く仕事の第一線で活躍するためには自己啓発が必要です。終業後や休日にビジネス関係の本を読んだり、資格取得にチャレンジしたり、あるいは外国語をマスターしたりすることが必要です。

しかし、自己啓発は一定の時間と経費が必要であるという性格上、なかなか始めにくいものです。

自己啓発には、会社による何らかの動機づけが必要です。このため、自己啓発に支出した経費の一部を補助したりするなどの支援措置を実施することが望まれます。

9　副業ルールの制定

休日をどのように過ごすかは社員の自由です。

近年、生活用品の物価上昇によって生活が苦しくなっていることを考えると、週休３日制に伴って副業（サイドワーク）をする人が増加することが予想されます。

副業については、メリットもあれば問題点もあります。したがって、副業のルールを定めるのが望ましいといえます（副業については、「第８章　週休３日制の問題点と対策」を参照してください）。

第３節
週休３日制と給与

1　給与の額

（1）給与の性格

給与は、最も重要な労働条件です。誰もが勤務先を決定するときに給与の額に最大の注意を払います。給与の額を考慮することなしに就職先を決める人はいないでしょう。

給与には、

・労働の対価

・生計費の保障

という２つの性格があります。

週休２日制から週休３日制に移行すると、勤務日数・勤務時間数が減少します。給与が労働の対価という性格を持つことを考えると、週休３日制への移行に伴って、給与の額をカットすることが考えられます。

例えば、週休３日制への移行に伴って１ヶ月の所定勤務時間数が10%少なくなるときに、社員の月給の金額を10%カットするということです。

（2）給与の額を維持する

給与については、

・1990年前後以降、30年近くにわたって賃上げが抑制されてきた

・ここ数年、食料品を中心に消費者物価が上昇し、収入が目減りしている

という厳しい事情があります。

したがって、週休３日制への移行に伴う給与のカットに理解を示す社員はいないでしょう。もし社員に「週休３日制にすると、給与がダウンするが、それでもよいか」と質問したら、大半の社員は「給与がダウンするなら現在の週休２日制でよい」と回答するでしょう。

週休３日制への移行を理由として給与をカットすることは避けるべきでしょう。

2　給与の決め方

（1）総合給方式

給与の決め方にはさまざまなものがあります。

給与の決め方に関するアンケート調査によると、最も多いのは総合給方式です。

総合給方式は、学歴、年齢、勤続年数、職務の内容、職務遂行能力、職務成績など、さまざまな要素を総合的に評価して「１ヶ月○万円」という形で給与（基本給）を決めるものです。さまざまな要素を評価して給与を決定できることが総合給方式のメリットです。

図表　総合給方式のメリット

○さまざまな要素を評価して給与を決めることができる
○給与の決定について会社の裁量性がきわめて大きい
○社員間の給与バランスを保つことができる
○その他

（2）総合給方式の問題点

しかし、その反面、学歴、年齢、職務内容、職務遂行能力など、各要素がそれぞれどの程度給与の決定にかかわっているのか不透明であるという問題点もあります。

もしも職務遂行能力を向上させれば給与が○%昇給するということがはっきり示されていれば、誰もが能力の向上のために最大限の努力を払うでしょう。

また、仕事で良い成績を上げれば基本給が○千円昇給するという基準が示されていれば、誰もが職務成績向上のために頑張るでしょう。

ところが、総合給方式の場合には、「どうすれば、どの程度昇給するか」という基準が存在しないのです。

図表　総合給方式の問題点

●給与の決定基準が不透明・不明瞭である
●昇給の動機付けがない
●運用が年功的になりやすい
●社員の中高年化に伴って会社の給与支払額が増加する
●その他

(3) 総合給方式からの転換

週休3日への移行に伴って勤務時間が減少します。社員が会社に提供する労務の時間が少なくなります。

給与は、労務の対価として支払われるものです。会社は、給与の額を、提供される労務の質を評価して決めることが必要です。すなわち、社員一人ひとりについて、

- 職務遂行能力のレベルはどの程度か
- 会社という組織体のなかでどのような役割を果たしているか
- どのような業務を担当しているか。その業務の責任の大きさはどの程度か
- その業務の遂行には、どの程度の知識と能力が必要か
- 前年度における業務上の成績はどうであったか

などを公正に評価して給与を決定するのが合理的です。

図表　週休３日制下の合理的な給与制度

○職務遂行能力を基準とする「職能給制度」
○会社で果たす役割を基準とする「役割給制度」
○職務の内容を基準とする「職務給制度」
○前年度の職務成績を基準とする「業績給（成果給）制度」
○上記の２つ以上を組み合わせた給与制度

3　給与制度変更のポイント

給与制度は、人事制度のなかでも最も重要な制度です。誰もが給与の決め方に関心を持っています。

これまで指摘したように、週休３日制の下では業務の内容や能力等を基準として給与を決める制度に変更することが望ましいのですが、給与制度の変更は、一定の時間を掛けて行うことが必要です。社員に対して給与制度変更の必要性を事前によく説明したうえで行ことが大切です。

図表　給与制度変更の実施ポイント

①　一定の時間を掛けて行う
②　事前に給与制度変更の必要性を社員によく説明する
③　新制度によって給与が減額する者については、一定期間救済措置を講じる

第４節

選択型週休３日制

１　選択型週休３日制とは

（１）週休２日制か週休３日制か

働き方についての考えは、人によって違います。「１日８時間・週５日勤務・週休２日制が自分には適している」という人もいれば、「１日の勤務時間は長くてもよいから、休日が多い方がよい」という人もいます。すべての人が現在の週休２日制に満足しているわけでもなければ、すべての人が週休３日という新しい働き方を支持しているわけでもないでしょう。

（２）働き方の選択制

このように、週休２日制がよいという社員と週休３日制がよいという社員がいるとすれば、会社としてはその双方を満足させる制度を用意するのが望ましい、といえます。

選択型週休３日制は、

・１日８時間・週５日勤務・週休２日

・１日10時間・週４日勤務・週休３日

の２つの勤務形態を用意し、社員にそのいずれかを選択させるという制度です。

週の勤務時間は、いずれも40時間で、バランスが取れています。

２　制度の対象者等

（１）制度の対象者

選択型週休３日制は、１日８時間勤務と１日10時間勤務という２

つの働き方を用意し、いずれかを社員に自由に選択させるものです。

会社でこの制度をすべての社員に適用すると、業務の流れが停滞し、経営に支障が生じる可能性があります。

この制度の適用にふさわしいのは、自己裁量性の大きい業務に従事している人です。具体的には、企画職（経営企画、業務企画、商品企画）、研究職、システム開発職、専門職などです。

（2）期間の事前届出

働き方についての考えは、さまざまな事情によって変化することがあります。当初は「週休3日がよい」と思っていても、家事や育児の都合で、「8時間勤務の方がよい」と考えるようになることがあります。

このため、週休3日制で勤務するときは、あらかじめ期間を届け出るものとします。届け出た期間が満了したときは、あらためて届け出るものとします。

第5節

週休3日制の設計シート

週休は重要な労働条件です。したがって、週休３日制は整然と開始することが必要です。週休日の与え方や国民の祝日の取り扱いなどを巡って混乱が生じるようなことがあってはなりません。

週休３日制の実施を整然と行うためには、制度のフレームをしっかりと設計し、そのフレームについて関係者のコンセンサス（合意）を形成しておく必要があります。

ここで、週休３日制の設計シートを示すと、次のとおりです。

様式例　週休３日制の設計シート

週休３日制設計シート

1　週休３日制の形態	□月１回週休３日制 □月２回週休３日制 □月３回週休３日制 □各週週休３日制 □その他（　　　　　）
2　週休３日制の実施期間	□夏季（○月～○月） □閑散期（○月～○月） □通年
3　休日の与え方	□３日ともいっせい付与 □２日はいっせい、１日は個別付与 □１日はいっせい、２日は個別付与 □３日とも個別付与

4　勤務日の勤務時間	□現在のまま □１日30分延長する □１日１時間延長する □１日１時間30分延長する □１日２時間延長する □その他（　　　　　）
5　休憩時間	□現行のまま □その他（　　　　　）
6　特別休日の取り扱い	①国民の祝日 □すべて休日 □一部勤務日（　　　　　） □すべて勤務日 ②夏季休日 □現行どおり □日数を減らす（　　　　　） □廃止 ③年末年始休日 □現行どおり □日数を減らす（　　　　　） ④その他の休日（　　　　　）
7　給与	①給与の額 □現在と同じ □減額する（　　　　　） ②給与の決定方式 □変更しない □変更する（　　　　　）
8　その他	①女性社員の活躍策 （　　　　　） ②高齢者の活躍策 （　　　　　） ③社員の副業対策 （　　　　　）
9　週休３日制への移行日	

以上

第6節

週休3日制の設計例

週休3日制の設計例を示すと、次のとおりです。

○その1（月1回週休3日制）

週休3日制

1　週休3日制の実施目的

（1）勤務時間の短縮による働き方改革の促進

（2）社員の勤労意欲の向上

（3）明るく活力のある職場の形成

（4）会社のイメージアップ

2　週休3日制の形態

月1回週休3日制

3　週休3日の週

1年を通じて毎月第1週

4　週休日

金曜、土曜、日曜

5　勤務日の勤務時間

現在のまま

6　国民の祝日、夏季休日、年末年始休日

現在のまま

7　給与の額

現在のまま

8　業務の合理化、効率化

週休3日制を成功させるため、次の措置を講じるものとする。

（1）業務のデジタル化・IT化

（2）業務内容の見直し

（3）社員への業務合理化の呼びかけ

（4）１ヶ月の時間外勤務の上限目標の設定

（5）休日勤務の制限

9　社内人材

業務の遂行について能力と意欲のある女性社員がその能力と意欲を十分に発揮することのできる方策を検討するための委員会を設置する。

10　副業

副業の社内規程を整備する。

以上

○その2（月2回・個人別付与の週休3日制）

週休3日制

1　週休3日制の実施目的

（1）勤務時間の短縮による働き方改革の促進

（2）社員の勤労意欲の向上

（3）明るく活力のある職場の形成

（4）会社のイメージアップ

2　週休3日制の形態

月2回週休3日制

3　週休3日の週

1年を通じて毎月第1週および第3週

4　週休日

個人別に決定する

5　勤務日の勤務時間

現在のまま

6　国民の祝日、夏季休日、年末年始休日

現在のまま

7　給与の額

現在のまま

8　その他

週休3日制を成功させるため、次の措置を講じるものとする。

（1）業務のデジタル化・IT化

（2）業務内容の見直し

（3）社員への業務合理化の呼びかけ

（4）1ヶ月の時間外勤務の上限目標の設定

（5）休日勤務の制限

以上

○その3（夏季限定週休3日制）

週休3日制

1　週休3日制の形態

各週週休3日制

2　実施時期

夏季（7～9月）

3　週休日

金曜、土曜および日曜

4　勤務日の勤務時間

現在のまま

5　国民の祝日の取り扱い

現在のまま（休日扱い）

6　夏季休日制度

廃止する

7　給与の額

現在のまま

以上

○その４（１日10時間勤務の週休３日制）

週休３日制

１　実施目的

休日の増加により、働き方の多様化に対応すること

２　週休日

年間を通じて各週とも金曜、土曜および日曜の３日

３　勤務日の勤務時間

10時間（始業・午前９時、終業・午後８時、途中１時間休憩）

４　時間外勤務の取り扱い

１日10時間を超える勤務時間を時間外勤務として取り扱う。

５　国民の祝日、夏季休日、年末年始休日の取り扱い

現在と同じ

以上

○その５（年間を通じた週休３日制）

週休３日制

１　実施目的

（１）働き方の改革を図ること

（２）勤労意欲の向上を図ること

（３）定着率を向上させること。人材の流出を防止すること

（４）活力のある明るい職場を形成すること

（５）会社のイメージアップにより、募集・採用を有利に進めること

（６）その他

２　週休日

年間を通じて毎週金曜、土曜および日曜の３日

３　勤務日の勤務時間

現在と同じ

4　国民の祝日

祝日が月曜～木曜にあるときは、その日は勤務日とする。

5　夏季休日

廃止する。

6　年末年始休日

現在と同じ

7　給与の額

現在と同じ

8　その他

（1）業務のデジタル化・IT化により、業務の効率化と品質の向上を図る。

（2）業務全般について、その必要性、重要性の見直しを行い、必要性、重要性の低いものは廃止する。

（3）定型的・反復的な業務はパートタイマーの担当とし、社員は、専門的知識や経験等を必要とする業務に集中する。

（4）女性社員と嘱託社員（定年退職者）の活躍向上策を講じる。

（5）業務の季節性等により業務の少ない部門から業務の忙しい部門へ一時的に社員を派遣する応援派遣制度を整備する。

（6）意思決定を迅速に行うため、職務権限の見直しを行う。

（7）給与の決定について、現在の総合給方式から職能給制度、役割給制度、または業績給制度への転換を検討する。

（8）諸手当の見直しを進める。家族手当、住宅手当など、生活補助手当のウエイトを低下させる。

（9）賞与（一時金）について、業績連動制賞与制度を実施する。

（10）営業褒賞金、商品開発褒賞金など、各種の褒賞金制度を整備拡充し、社員の活性化を図る。

以上

○その６（総合職を対象とした選択型週休３日制）

総合職の週休３日制

1　実施目的
（1）総合職の働き方の改革を図ること
（2）総合職の勤労意欲の向上を図ること
（3）総合職の定着率を向上させること。人材の流出を防止すること
2　対象者
総合職
3　週休3日制による勤務
総合職は、あらかじめ会社に届け出ることにより、週休3日制（週4日勤務制）によって勤務することができる。
4　週休日
金曜、土曜および日曜
5　勤務日の勤務時間
10時間（始業・午前9時、終業・午後8時、途中1時間休憩）
6　国民の祝日、夏季休日および年末年始休日
現在と同じ
7　給与の額
現在と同じ
8　週休3日による勤務期間
1回の届出につき6ヶ月（延長可能）
9　その他
（1）総合職の給与制度は、現在の総合給方式から能力主義または成果主義の給与方式に切り替えていく。
（2）総合職については、今後、賞与の支給額に占める人事考課分の割合を高めていく。

以上

第7節

社員への通知と通知例

会社として週休3日制の実施を正式に決定したときは、社員に通知します。通知文の例を示すと、以下のとおりです。

○その1（月1回週休3日制）

○年○月○日

社員の皆さんへ

取締役社長

週休3日制の実施について（お知らせ）

会社は、働き方改革を促進するとともに、労働条件の向上を図るため、次のとおり週休3日制を実施することとしましたのでお知らせします。

1　週休3日制の実施

○年4月1日から毎月第1週を週休3日とする。

2　週休日

週休日は、金曜、土曜および日曜とする。

3　勤務日の勤務時間

勤務日の勤務時間は、現在のままとする。

4　国民の祝日、夏季特別休日、年末年始休日

現在のままとする。

5　給与の額

現在のままとする。

6　勤務上の心得
（1）会社から指示された業務を責任をもって処理すること
（2）あらかじめ合理的な計画を立てて業務に取り掛かること
（3）業務の経過および結果を会社に適宜適切に報告すること
（4）上司・同僚とよく協力・協調して業務を遂行すること
（5）勤務時間が限られていることを意識し、業務の効率化に努めること
（6）時間外勤務が長時間に及ばないように努めること

以上

○その２（月２回・個人別付与の週休３日制）

○年○月○日

社員の皆さんへ

取締役社長

週休３日制の実施について（お知らせ）

会社は、働き方改革を促進するとともに、労働条件の向上を図るため、次のとおり週休３日制を実施することとしましたのでお知らせします。

1　週休３日制の実施日と実施週
○年４月１日から毎月第１週および第３週を週休３日とする。

2　週休日
週休日は、個人別に決定する。

3　勤務日の勤務時間
現在のままとする。

4　国民の祝日、夏季休日、年末年始休日

現在のままとする。
5　給与の額
現在のままとする。
6　勤務上の心得
（1）会社から指示された業務を責任をもって処理すること
（2）あらかじめ合理的な計画を立てて業務に取り掛かること
（3）業務の経過および結果を会社に適宜適切に報告すること
（4）上司・同僚とよく協力・協調して業務を遂行すること
（5）勤務時間が限られていることを意識し、業務の効率化に努めること
（6）時間外勤務が長時間に及ばないように努めること

以上

○その３（夏季限定週休３日制）

○年○月○日

社員の皆さんへ

取締役社長

夏季週休３日制の実施について（お知らせ）

会社は、働き方改革を促進するとともに、労働条件の向上を図るため、本年度から次のとおり週休３日制を実施することとしましたのでお知らせします。

1　実施期間
7～9月
2　週休日
毎週金曜、土曜および日曜

3　勤務日の勤務時間
　現在のままとする。
4　夏季休日制度
　廃止する。
5　国民の祝日の取り扱い
　現在のままとする。
6　給与の額
　現在のままとする。

以上

○その4（1日10時間勤務の週休3日制）

○年○月○日

社員の皆さんへ

取締役社長

週休3日制の実施について（お知らせ）

　会社は、働き方改革を促進するとともに、休日増加の要望に応えるため、次のとおり週休3日制を実施することとしましたのでお知らせします。
1　実施日
　○年4月1日
2　週休日
　年間を通じて毎週金曜、土曜および日曜
3　勤務日の勤務時間
　10時間（始業・午前9時、終業・午後8時、途中休憩1時間）
4　国民の祝日、夏季休日、年末年始休日の取り扱い

現在と同じ

5　給与の額

現在と同じ

6　時間外勤務

10時間を超える勤務時間を時間外勤務として取り扱う。

7　勤務の心得

（1）勤務時間を有効に活用し、業務の合理化に努めること
（2）あらかじめ合理的な計画を立てて業務に取り組むこと
（3）時間外勤務が長時間に及ばないようにすること
（4）深夜に及ぶ時間外勤務は避けること
（5）休日勤務については、あらかじめ会社に届け出ること
（6）時間外勤務・休日勤務をしたときは、適正に申告すること

以上

○その５（年間を通しての各週週休３日制）

○年○月○日

社員の皆さんへ

取締役社長

週休３日制の実施について（お知らせ）

現在、経営環境が大きく変化する中で、これまでの働き方を変革することが求められています。会社は、働き方改革を促進するとともに、労働条件の向上を図るため、次のとおり週休３日制を実施することにしましたのでお知らせします。

1　実施日

○年4月1日

2　週休日
　年間を通じて毎週金曜、土曜および日曜の３日
3　勤務日の勤務時間
　現在と同じ
4　国民の祝日の取り扱い
　祝日が月曜～木曜にあるときは、その日は勤務日とする。
5　夏季休日
　廃止する。
6　年末年始休日
　現在と同じ
7　給与の額
　現在と同じ
8　業務遂行の心得
（１）会社から指示された業務に積極的・意欲的に取り組むこと
（２）会社から指示された業務を責任をもって遂行すること
（３）勤務時間を有効に活用して業務の効率化に努めること
（４）業務の遂行方法と時間配分が硬直的になっていないかを常に顧りみること
（５）業務の遂行について、上司・同僚と協力協調すること
（６）あらかじめ合理的な計画を立てて業務に取り組むこと
（７）業務の経過および結果を会社に適宜適切に報告すること
（８）時間外勤務が長時間におよばないように努めること
（９）深夜勤務および休日勤務は避けるように努めること
（10）休日を有効に活用して自己啓発に努めること

以上

○その６（総合職を対象とした選択型週休３日制）

○年○月○日

総合職の皆さんへ

取締役社長

選択型週休３日制の実施について（お知らせ）

現在、経営環境が大きく変化する中で、これまでの働き方を変革することが必要になっています。このような状況に対応して、会社は、本年の４月１日から総合職を対象として選択型の週休３日制を実施することとしましたのでお知らせします。内容は、下記のとおりです。

１　週休３日制による勤務

総合職は、あらかじめ会社に届け出ることにより、週休３日制（週４日勤務制）によって勤務することができる。

２　週休日

金曜、土曜および日曜

３　勤務日の勤務時間

10時間（始業・午前９時、終業・午後８時、途中１時間休憩）

４　国民の祝日、夏季休日および年末年始休日

現在と同じ

５　給与の額

現在と同じ

６　週休３日による勤務期間

１回の届出につき６ヶ月（延長可能）

７　勤務心得

（１）勤務時間を有効に活用して、業務の効率化を図ること

（２）時間外勤務が長時間に及ばないように努めること

（３）業務の経過および結果を会社に適宜適切に報告すること

以上

完全週休3日制への移行スケジュール

第１節

完全週休３日制への移行スケジュール

1　移行スケジュールの作成

（1）段階的な移行

現在の週休２日から週休３日への移行は、休日を増加させるものですから労働条件の向上です。社員の勤労意欲（インセンティブ）の向上、会社への定着率の改善（離職の防止）などの効果が期待されます。また、さらに、会社の対外的なイメージを向上させ、社員の募集・採用がやりやすくなるという効果もあります。

しかし、その一方で、会社の業績（生産量・販売量、売上・受注、営業利益・経常利益・最終利益等）を低下させる可能性もあります。

業績への影響を最小限に留めるという観点から判断すると、週休３日制は、先にも指摘したように、月に１、２回程度のものからスタートさせるのが現実的であるといえます。週休３日の週が１ヶ月１、２回程度であれば、減少する勤務時間数も比較的に少ないために、業績への影響は限定的です。

とりあえず月１、２回程度の週休３日制を実施し、月１回週休３日制➡月２回週休３日制➡月３回週休３日制……というように、段階的に週休日を増加させていきます。

（2）移行スケジュールの作成

週休３日制を月１回、２回程度のものからスタートさせるときは、最終的には完全（各週）週休３日制を実施することを目標とします。

ビジネスの世界では、ある目標を達成する場合に、そのスケジュールを立てるのが一般的です。

例えば、「年間売上を1億円とする」という目標を設定したときは、

・1年目➡8,000万円

・2年目➡9,000万円

・3年目➡1億円

というように、会社の営業力、他社との競争関係、景気の動向などを総合的に勘案して、達成スケジュールを作成します。

スケジュールが定められていないと、業務への取り組みが甘くなります。しかし、スケジュールが合理的・現実的に定められていれば、日常の業務への取り組みも計画的となり、かつ、職場にも緊張感が生まれます。

完全（各週）週休3日制への移行についても、スケジュールを決めるのがよいでしょう。

移行スケジュールが定められていないと、給与交渉や新卒者の募集・採用などに追われ、完全週休3日制への移行に必要以上の期間がかかる可能性があります。しかし、移行スケジュールが合理的に作成され、その内容が関係者に周知されていれば、完全週休3日制への移行に必要以上の期間がかかることはないでしょう。

図表　完全（各週）週休3日制への移行を成功させる条件

○段階的に休日数を増加させること ○移行スケジュールの情報が関係者の間で共有されていること ○移行スケジュールが合理的に作成されていること

（3）移行スケジュールの例

完全週休3日制への移行スケジュールの作成例を示すと、次のとおりです。

（完全週休3日制への移行スケジュール）

○その１

□年４月１日～　　月１回週休３日制➡月２回週休３日制

□年４月１日～　　月２回週休３日制➡月３回週休３日制

□年４月１日～　　月３回週休３日制➡各週週休３日制

○その２

□年４月１日～　　月１回週休３日制➡月３回週休３日制

□年４月１日～　　月３回週休３日制➡各週週休３日制

（４）移行期間

月１回の週休３日制から完全（各週）週休３日制への移行にどれほどの期間をかけるかは、もとより会社の自由です。

一般的・常識的に判断して、現在のような経営環境の中で、１、２年程度で、月１回週休３日から各週週休３日に移行するのは現実的に相当の無理があるでしょう。しかし、移行期間を10年、20年とするのは少し長すぎて、社員の期待を裏切ることになるでしょう。

一般的・常識的に判断すれば、移行期間は５～７年程度とするのが適切でしょう。

２　社長の承認

完全（各週）週休３日制への移行は、勤務時間の短縮を伴うものですから、会社にとってきわめて重要な問題です。このため、人事部門として移行スケジュールを内定したときは、社長の承認を得るものとします。

様式例　完全週休３日制実施のスケジュールの承認願い

○年○月○日

取締役社長殿

人事部長

完全週休３日制への移行スケジュールについて（決済願い）

下記のスケジュールにより、完全週休３日制に移行したいと思います。なお、経営環境が変化したときは、スケジュールを変更することとします。

□年４月１日～　　月１回週休３日制➡月２回週休３日制

□年４月１日～　　月２回週休３日制➡月３回週休３日制

□年４月１日～　　月３回週休３日制➡各週週休３日制

以上

第2節
週休３日制のステップアップ

1　週休３日制のステップアップ

(1) ステップアップの判断基準

完全週休３日制への移行スケジュールが社長によって承認されたときは、そのスケジュールにしたがって粛々と週休３日制のステップアップ（休日増）を図っていきます。月１回週休３日制➡月２回週休３日制➡月３回週休３日制……と、その内容の充実を進めていきます。

ステップアップにあたっては、業績と経営環境に十分配慮します。

会社にとって、一定の業績を上げることはきわめて重要です。業績を安定的・継続的に上げることの重要性は、どれほど強調しても、強調しすぎることはないでしょう。

このほか、

・主要な取引先の業績

・他社との競争関係

・景気の先行きの見通し

などについても、一定の目配りをすることが望ましいといえます。

図表　業績の評価内容

○売上高、受注額は増加しているか
○営業利益は計画通り確保されているか
○売上に対する営業利益の割合は適切か。過少でないか
○経常利益は計画通り確保されているか
○最終利益は落ち込んでいないか
○その他

2　ステップアップの社長承認

業績面において特に大きな問題がなければ、社長の承認を得て週休3日制のステップアップを行います。

これに対して、業績が低迷し、かつ、営業環境、市場環境が厳しいときは、ステップアップを先送りすることとし、そのことについて社長の承認を求めます。

様式例　週休3日制のステップアップの承認願い

> ○年○月○日
>
> 取締役社長殿
>
> 人事部長
>
> 週休3日制のステップアップについて（決済願い）
>
> 週休3日制について、当初のスケジュールに従い、次のとおり変更したいと思います。
>
> 1　変更日
>
> ○年4月1日
>
> 2　変更の内容
>
> 月1回週休3日制を月2回週休3日制にステップアップする。
>
> 以上

様式例　ステップアップ先送り承認願い

> ○年○月○日
>
> 取締役社長殿

人事部長

週休３日制ステップアップの先送りについて（決済願い）

週休３日制については、本年４月１日より月２回週休３日制にステップアップする予定でしたが、現在の経営環境を考慮し、当分の間ステップアップをしないこととします。

以上

3　社員への通知

週休３日制のステップアップについて社長の承認を得たときは、社員に通知します。

様式例　週休３日制のステップアップの通知

○その１（一般的なもの）

○年○月○日

社員の皆さんへ

取締役社長

週休３日制のステップアップについて（お知らせ）

会社は、社員の労働条件の向上のため、本年４月１日から現在の月１回週休３日制を月２回週休３日制（第１週および第３週）に移行することを決定しましたのでお知らせします。

以上

○その2（業務心得も指示したもの）

○年○月○日

社員の皆さんへ

取締役社長

週休3日制のステップアップについて（お知らせ）

会社は、社員の労働条件の向上のため、本年4月1日から現在の月1回週休3日制を月2回週休3日制（第1週および第3週）に移行することを決定しましたのでお知らせします。

月2回週休3日制の下でも業績の向上を図るため、次の事項に留意して業務に取り組むようお願いします。

1　勤務時間が限られていることを意識して業務に取り組むこと
2　勤務時間を有効に活用して業務の効率化に努めること
3　時間外勤務が長時間に及ばないように努めること
4　休日に勤務するときは、あらかじめ会社に届けること
5　会社から指示された業務は、指示された期間に責任をもって完成させること
6　業務の遂行について、安易に上司、同僚に手助けを求めないこと
7　職場の和を重視して業務を遂行すること
8　業務の経過および結果を適宜適切に会社に報告すること
9　経営環境の変化に柔軟かつ適切に対応することができるようにするため、絶えず自己啓発に努めること

以上

第３節
社員の時間意識の高揚策

１　勤務態度のセルフチェック制度

週休３日制を成功させるためには、社員一人ひとりが、
- ・勤務時間が限られていることを意識して業務に取り組むこと
- ・勤務時間を有効に活用して業務の効率化に努めること
- ・時間外勤務が長時間に及ばないように努めること

などが必要です。ある種の緊張感を持って日常の業務に取り組むことが必要なのです。

したがって、週休３日制のステップアップ（休日増）に当たって、社員に対してこれらのことを呼びかけることはきわめて意義のあることです。

会社の立場からすると、社員が常に「勤務時間は限られているので有効に活用しなければならない」という時間意識を持って業務に取り組んでくれることが理想です。しかし、社員は、日常の業務の忙しさから、とかく時間意識を失いがちです。

社員の時間意識の高揚を図るためには、年に数回、自らの勤務態度・勤務意識を顧みる機会を与えることが必要です。これがセルフチェック制度です。

２　セルフチェックシートの例

社員自身による勤務態度・勤務意識のチェックは、統一的・効率的に行うのが望ましいといえます。このため、所定のセルフチェックシートを作成、それを全社員に送信するという方法を採用するの

がよいでしょう。

セルフチェックシートのサンプルを示すと、次のとおりです。

様式例　勤務態度・勤務意識のセルフチェックシート（例）

勤務態度・勤務意識セルフチェックシート

～自分自身の日ごろの勤務態度・勤務意識を率直にチェックして下さい～

Ｑ１　勤務時間が限られていることを意識して業務に取り組んでいるか。
□そうしている　□大体そうしている　□あまりしていない　□全くしていない

Ｑ２　勤務時間を有効に活用して業務の効率化に努めているか。
□そうしている　□大体そうしている　□あまりしていない　□全くしていない

Ｑ３　時間外勤務が長時間に及ばないように努めているか。
□そうしている　□大体そうしている　□あまりしていない　□全くしていない

Ｑ４　休日に勤務するときは、あらかじめ会社に届けているか。
□そうしている　□大体そうしている　□あまりしていない　□全くしていない

Ｑ５　会社から指示された業務は、指示された期間に責任をもって完成させているか。
□そうしている　□大体そうしている　□あまりしていない　□全くしていない

Ｑ６　業務の遂行について、安易に上司、同僚に手助けを求めないようにしているか。

□そうしている　□大体そうしている　□あまりしていない　□全くしていない

Ｑ７　職場の和を重視して業務を遂行しているか。

□そうしている　□大体そうしている　□あまりしていない　□全くしていない

Ｑ８　業務の経過および結果を適宜適切に会社に報告しているか。

□そうしている　□大体そうしている　□あまりしていない　□全くしていない

Ｑ９　経営環境の変化に柔軟かつ適切に対応することができるようにするため、絶えず自己啓発に努めているか。

□そうしている　□大体そうしている　□あまりしていない　□全くしていない

～以上です。結果を人事部に送信してください～

３　セルフチェックの実施頻度

セルフチェックは、１年に２回程度実施するのが適切でしょう。

４　結果の発表

社員の時間意識を高めるという観点から判断すると、会社は、集計結果を社員に発表するのがよいでしょう。

様式例　セルフチェックの結果の発表

○年○月○日

社員の皆さんへ

取締役社長

セルフチェックの集計結果について

先に実施した勤務態度・勤務意識のセルフチェックの結果は次のとおりでした。週休3日制を成功させるため、今後も強い時間意識を持って業務に取り組むようお願いします。

Q1　勤務時間が限られていることを意識して業務に取り組んでいるか。

1　そうしている➡○%
2　大体そうしている➡○%
3　あまりしていない➡○%
4　全くしていない➡○%
計　　　　　100%

Q2　勤務時間を有効に活用して業務の効率化に努めているか。

1　そうしている➡○%
2　大体そうしている➡○%
3　あまりしていない➡○%
4　全くしていない➡○%
計　　　　　100%

（以下省略）

5　実施要領

セルフチェック制度の実施要領を示すと、次のとおりです。

○年○月○日作成
人事部

勤務態度等セルフチェック制度実施要領

1　実施目的

社員が自己の日常の勤務態度・勤務意識をチェックすることに

より、勤務態度・勤務意識の改善・向上の動機付けを図ること

2　対象者

一般社員全員（係長以上の役職者は除く）

3　セルフチェックの内容

（1）日常の勤務態度に関すること

（2）日常の勤務意識に関すること

（3）その他

4　セルフチェックの方法

社員に所定のセルフチェックシートを送信し、回答してもらう。回答後にチェックシートを人事部に返信してもらう。

セルフチェックは無記名で行う。

5　集計・発表

人事部は、回答結果を集計し、発表する。

6　実施頻度

セルフチェックは年2回行う。

以上

第４節 役職者への指示

1　役職者の役割

会社は、常に業績（売上・受注、利益その他）を向上させることが求められています。ステークホルダー（株主、社員、取引先、その他）も、経営者に対して業績を伸ばすことを期待しています。

会社は、一定の業績を上げるために、毎年度、売上、受注、営業利益、経常利益などについて達成目標を計上するとともに、部門ごとにその部門が達成すべき業務目標を定めています。各部門が業務目標を達成することにより、会社としての業績が向上するのです。

役職者（部長、課長、係長、グループリーダー、センター長等）は、自分が管掌する部門の業務目標を達成すべき責任を負っています。

2　週休３日のステップアップと業務目標

週休３日制のステップアップによって勤務日数・勤務時間数が減少すると、部門の業務目標の達成が厳しくなります。しかし、「勤務日数・勤務時間数が減少したから」という理由で部門の業務目標の達成をギブアップすることは許されないことです。

役職者に対して、

・業務処理の一層の効率化・合理化

・業務の計画的遂行

・業務全般の見直し

などによって、部門の業務目標の達成に努めるよう指示するのがよいでしょう。

様式例　役職者への指示

○年○月○日

役職者へ

取締役社長

業務目標の達成について（指示）

週休３日制のステップアップに伴って、勤務日数・勤務時間数が減少します。このため、部門の業務目標の達成がこれまで以上に厳しくなりますが、次の事項に留意し、業務目標の達成に努めるよう、お願いします。

1　業務目標の達成が役職者の使命であることを自覚し、最大限の努力をすること
2　業務目標の達成に向けて、１週または１ヶ月（あるいは、その双方）について、合理的な業務計画を立てて取り組むこと
3　業務計画は、関係部門とよく調整して作成すること
4　部下に対して部門の業務計画の内容を周知し、協力を求めること
5　部下に対する業務の指示は正確に行うこと
6　部門の業務の効率化・合理化に努めること
7　随時部門の業務全般についてその必要性の見直しを行うこと
8　上位の役職者に対して、業務の進捗状況を適宜適切に報告すること
9　部下の時間外勤務が長時間に及ばないようにすること
10　部門の業務が円滑に行われるよう、常に部下とのコミュニケーションに努めること

以上

第５節
業績基準のステップアップ方式

1　会社の成長と業績

会社は、一定額の売上と利益を確保できなければ、取引代金や社員の給与（賃金）等を支払うことができないため、存続していくことができません。一定の業績を確実に達成するため、業務について「目標」を設定するのが一般的です。

売上や利益の達成目標を決めることなく、ただ漠然と生産や販売を繰り返している会社は存在しないでしょう。

決算年度ごとに、世間一般の景気動向、他社との競争関係、会社の営業力、過去の業績等を総合的に勘案して売上や利益の数値目標を決め、その目標の達成を目指して全社員が努力することにより、会社は成長していくのです。

図表　業績目標の設定例

- 年間○億円以上売り上げる
- 年間の受注高を○億円以上とする
- 年度の営業利益を○億円、経常利益を○億円とする
- 年度の税引前利益を○億円とする

2　業績目標の達成と週休３日制のステップアップ

経営において、業績目標の設定と達成はきわめて重要なことです。そこで、業績目標の達成を基準として、週休３日制のステップアッ

プを行うことが考えられます。例えば、次のとおりです。

○その１（売上基準）

年間売上10億円超のとき➡月２回週休３日制

年間売上15億円超のとき➡月３回週休３日制

年間売上20億円超のとき➡各週週休３日制

○その２（営業利益基準）

年間営業利益10億円超のとき➡月２回週休３日制

年間営業利益15億円超のとき➡月３回週休３日制

年間営業利益20億円超のとき➡各週週休３日制

○その３（売上・経常利益基準）

年間売上10億円超、経常利益５千万円超のとき➡月２回週休３日制

年間売上15億円超、経常利益１億円超のとき➡月３回週休３日制

年間売上20億円超、経常利益２億円超のとき➡各週週休３日制

３　業績基準方式のメリット

業績基準方式は、数値目標の達成を条件として週休３日制のステップアップを行うというものです。このため、きわめてわかりやすく、社員の理解を得やすいというメリットがあります。

図表　業績基準方式のメリット

○わかりやすく、社員の理解を得やすい
○週休３日制のステップアップ決定プロセスが透明である
○社員の経営参加意識を高めることができる
○その他

４　業績基準方式の問題点

業績基準方式には、問題点もあります、

（1）業績指標の難点

その第１は、適切な業績指標が存在しないということです。

売上は代表的な業績指標です。会社の景気を評価するときに「売上が伸びている」「売上が低迷している」といわれることが多いのは周知のとおりでしょう。

しかし、売上には、

・売上が多くてもコスト高などで利益が出ないことがある
・新商品の発売や特別セールスなどで、売上が一時的に増加することがある
・営業社員が自分の営業成績を伸ばすために、取引先に頼んで商品を引き取ってもらうことがある
・商品を販売しても販売代金を回収できず、経営に支障を与えることがある

などの問題があります。

また、営業利益、経常利益、最終利益などの利益関係の指標も代表的・典型的な業績指標です。しかし、利益指標にも、

・営業実績が不振でも、金融資産や不動産の売却などで利益を出すことがある
・現在は利益が出ていても、新商品の開発や技術開発の成果が乏しければ将来の成長は期待できない

などの問題が指摘されています。

（2）経営の裁量性の問題

会社が堅実に成長し発展するためには、経営者がさまざまな要因や事象を総合的・多面的に分析・評価して意思決定をすることが必要です。会社として右へ進むか、それとも左へ進むか、前に進むか、それとも一歩退くべきかは、経営者がさまざまな情報を分析したうえで決定するべきです。

ところが、業績基準方式の場合は、１つ、あるいは２つ程度の業

績指標の結果で週休日数を増やすかどうかが決まってしまい、経営者の裁量の余地は全くありません。

図表　業績基準方式の問題点

- ●適切な業績指標（週休３日制のステップアップのための準拠指標）が存在しない
- ●経営者の裁量の余地がない
- ●世間一般の景気動向、他社との競争関係などを考慮する余地がない
- ●その他

5　望ましいステップアップの判断基準

これまで解説したように、業績基準方式には、メリットもあれば、問題点もあります。両者を比較すれば、問題点のほうが大きいといえるでしょう。

週休３日制のステップアップ（月１回週休３日制➡月２回週休３日制➡月３回週休３日制➡各週週休３日制）は、業績を中心に、図表に示すような事項を総合的に勘案して決定するのが現実的でしょう。

図表　週休３日制のステップアップの勘案事項

①　会社の業績（売上、受注、利益）
②　主要な取引先の景気
③　世間一般の景気（現状、先行きの見通し）
④　他社との競争関係
⑤　社員の意見、希望
⑥　その他

第６節

通年週休３日制への移行

1　期間限定から通年へ

現在の週休２日制から週休３日制への移行は、労働条件の向上です。

労働条件の向上という観点からすれば、１年を通しての週休３日制に移行するのがベストです。しかし、現在の週休２日制から通年各週の週休３日制に一挙に移行すると、勤務日数が一度に大幅に減少し、業績が低下する可能性があります。

業績への影響を最小限に留めるという点から判断すると、最初は、夏季あるいは閑散期など期間を限定して週休３日制をスタートさせるのが現実的です。

期間限定の週休３日制からスタートしたときは、最終的には、通年各週週休３日制に移行するのが望ましいといえます。社員も、通年各週週休３日制への移行を希望することでしょう。

2　通年各週週休３日制への移行スケジュールの作成

（1）移行スケジュール作成の意義

ビジネスの世界では、ある目的や目標を組織として正式に決めた場合、その目標を達成するためのスケジュール（工程表）を作成するのが一般的です。

達成スケジュールが具体的に明確になっていないと、業務への取り組み姿勢がとかく甘くなります。しかし、スケジュールが定められれば、職場全体にある種の緊張感が生まれ、業務への取り組みが真剣になります。

週休３日制についても、同様のことがいえます。通年各週の週休

３日制への移行スケジュールが合理的・現実的に作成され、その情報が関係者の間で共有されていれば、移行が実現される可能性がきわめて高くなります。

図表　通年各週週休３日制実現の３条件

①　移行スケジュールが合理的・現実的に作成されていること ②　移行スケジュールについて、関係者のコンセンサス（合意）が形成されていること ③　移行が全社員の利益になること

（2）移行スケジュールの作成例

通年各週週休３日制への移行スケジュールの作成例を示すと、次のとおりです。

（通年週休３日制への移行スケジュール）

○その１

□年４月１日～　　夏季（７～９月）➡４～９月

□年４月１日～　　４～９月➡１～９月

□年４月１日～　　１～９月➡１～12月

○その２

□年４月１日～　　夏季（７～９月）➡４～９月

□年４月１日～　　４～９月➡１～12月

（3）移行期間

経営環境には、常に厳しいものがあります。最近も、コロナの大流行（パンデミック）、円安、原油価格の高騰、原材料価格の高騰、労働力不足など、さまざまな問題が経営を苦しめています。

このような状況の中で、週休３日制の実施期間を拡大していくことは容易ではありません。

経営環境が厳しい中で、２、３年程度で通年各週週休３日制に移行するのは相当に困難です。

しかし、それとは反対に、10年20年もかけていたのでは社員の熱意や関心が薄れてしまうでしょう。また、会社の人事・労務問題に対する信頼感が低下するでしょう。

一般的・常識的に判断して、通年各週週休３日制への移行は５～７年程度で達成するのが適切でしょう。

3　移行スケジュールの社長承認

通年各週の週休３日制への移行は、経営にとってきわめて重要な意思決定です。

このため、移行スケジュールの人事部の案が内定したときは、社長の承認を得るものとします。

様式例　通年各週週休３日制への移行スケジュールの決済願い

○年○月○日

取締役社長殿

人事部長

通年各週週休３日制への移行スケジュールについて(決済願い)

下記のスケジュールにより、通年各週週休３日制に移行したいと思います。なお、経営環境が変化したときは、スケジュールを変更することとします。

□年４月１日～　　夏季（７～９月）➡４～９月
□年４月１日～　　４～９月➡１～９月
□年４月１日～　　１～９月➡１～12月

以上

４　各週週休３日制の期間拡大

（１）期間の拡大

通年各週週休３日制への移行スケジュールが社長によって承認されたときは、そのスケジュールにしたがって週休３日制の実施期間を粛々と拡大し、労働条件の向上を図っていきます。

（２）期間拡大の判断基準

実際に週休３日制の実施期間を拡大するかどうかは、次の事項を総合的に判断して決定します。

①　会社の業績

経営にとって業績がいかに重要であるかはあえていうまでもありません。週休３日制の期間の拡大にあたっては、

・売上、受注は増加しているか
・営業利益は増加しているか
・適正な営業利益率が確保されているか
・経常利益は計画通り確保されているか
・最終利益はどの程度か

などをチェックします。

②　景気の動向

業績は、世間一般の景気（経済動向）によって大きく左右されます。景気は常に変化します。経営者の立場からすると、好景気の期間が長く続くのが理想ですが、短命に終わることもあります。

週休３日制の期間の拡大にあたっては、

・景気の現状はどうか
・景気の先行きはどうか

に配慮する必要があります。

③　取引先の景気

会社には「有力な取引先」があります。有力な取引先の業績は、

会社の業績にきわめて大きな影響を与えます。週休3日制の期間の拡大を決めるに当たっては、有力な取引先の業績の現状と見通しに一定の配慮をすることが必要です。

④　他社との競争関係

当然のことですが、ビジネスは競争の世界です。競争相手の会社が存在しないという会社はないでしょう。

時には、まったく別の業界や、あるいは海外から、有力な会社が参入して業界に波紋を起こすこともあります。

他社との競争関係にも配慮が必要です。

5　期間拡大の社長決裁

業績（売上・受注、営業利益・経常利益等）の現状と見通しなどの分析を踏まえて、週休3日制の実施期間を拡大することを決めます。期間の拡大に当たっては、その都度、社長の決済を求めます。

様式例　週休3日制の期間拡大の決済願い

○年○月○日

取締役社長殿

人事部長

週休3日制の期間拡大について（決済願い）

当初の通年各週週休3日制への移行スケジュールに従い、次のとおり、週休3日制の実施期間を拡大したいと思います。

1　開始月日

□年4月1日

2　拡大期間

7～9月➡4～9月

以上

6　社員への通知

期間拡大について社長の承認を得たときは、社員に通知します。

様式例　週休3日制の期間拡大の通知

○その1（一般的なもの）

○年○月○日

社員の皆さんへ

取締役社長

週休3日制の期間拡大について（お知らせ）

労働条件向上のため、次のとおり週休3日制の実施期間を拡大することにしましたのでお知らせします。

1　開始月日

□年4月1日

2　拡大期間

7～9月➡4～9月

以上

○その2（業務上の心得も指示したもの）

○年○月○日

社員の皆さんへ

取締役社長

週休3日制の期間拡大について（お知らせ）

労働条件向上のため、次のとおり週休3日制の実施期間を拡大することにしましたのでお知らせします。

1　開始月日

○年4月1日

2　拡大期間

7～9月➡4～9月

3　業務上の心得

週休3日制を成功させるため、業務において次のことに努めるようお願いします。

1　勤務時間が限られていることを意識して業務に取り組むこと
2　勤務時間を有効に活用して業務の効率化に努めること
3　時間外勤務が長時間に及ばないように努めること
4　休日に勤務するときは、あらかじめ会社に届けること
5　会社から指示された業務は、指示された期間に責任をもって完成させること
6　業務の遂行について、安易に上司、同僚に手助けを求めないこと
7　職場の和を重視して業務を遂行すること
8　業務の経過および結果を適宜適切に会社に報告すること
9　経営環境の変化に柔軟かつ適切に対応することができるようにするため、絶えず自己啓発に努めること

以上

第７節

８時間勤務制への移行

１　８時間勤務制への移行

経営において、勤務時間の長さはきわめて重要です。勤務時間が短くなると、生産量や販売額もその分だけ少なくなります。

労働基準法は、周知のように週の勤務時間を40時間以内と定めています。そこで、１日の勤務時間を８時間から10時間に延長して週休３日制を実施する方法があることは先に紹介したとおりです。

勤務時間を10時間に延長した会社は、その10時間勤務制を今後も長く継続するのも１つの選択です。しかし、労働基準法が１日８時間労働を原則としていることなどを考慮すると、一定の期間をかけて当初の８時間勤務制に回帰することが望ましいといえるでしょう。

図表　８時間勤務制への回帰が望ましい理由

①　労働基準法が１日８時間勤務を原則としていること
②　世間では８時間勤務制の会社が圧倒的に多いこと。７時間30分勤務、７時間勤務の会社もあること
③　取引先の会社も８時間勤務制であること
④　社員も８時間勤務制への回帰を希望していると思われること
⑤　10時間勤務は、育児や介護をしている社員に相当の負担をかけること
⑥　その他

2　勤務時間の段階的な短縮

（1）段階的な短縮の趣旨

会社は、使用者として、社員の労働条件の向上に努める義務を負っています。社員も、会社に対して、労働条件の向上を期待しています。

労働条件の向上という点から判断すれば、勤務時間は早期に従前の８時間に戻すのがよいといえます。しかし、労働時間と業務の量とは密接に結びついています。勤務時間の短縮を一挙に実施すると、業績が低下する可能性があります。会社にとって、業績の低下は最大の危機です。

業績への影響を最小限に留めて勤務時間の短縮を図るには、段階的・計画的に短縮を進める必要があります。業績をチェックしながら、少しずつ勤務時間を短くしていくのが賢明です。

（2）短縮時間の刻み

勤務時間を段階的に短縮していく場合には、当然のこととして、短縮する時間の刻みを決める必要があります。

理論的には、２分刻み、３分刻みで短くすることも可能です。しかし、刻みの時間が短いと、社員に混乱を与えるだけで、労務管理上のメリットはなにもありません。

一般的・常識的に判断すれば、時間の刻みは、10分、20分、30分、40分、１時間のいずれかとするのが妥当でしょう。

図表　短縮時間の刻み

○10分刻み　　10時間➡９時間50分➡９時間40分……
○20分刻み　　10時間➡９時間40分➡９時間20分……
○30分刻み　　10時間➡９時間30分➡９時間……
○１時間刻み　　10時間➡９時間➡８時間

（3）始業時刻・終業時刻

勤務時間を短縮するときの始業・終業時刻の取り扱いには、

・始業時刻を遅らせる

・終業時刻を早める

・始業時刻を遅らせるとともに、終業時刻を早める

の3つがあります。

例えば、勤務時間を1時間短縮する場合は、

・始業時刻を1時間遅らせる

・終業時刻を1時間早める

・始業時刻を30分遅らせるとともに、終業時刻を30分早める

などがあります。

始業・終業時刻の取り扱いは、図表に示す事項を考慮して決めるのがよいでしょう。

図表　始業・終業時刻の決定の参考事項

○社員の希望 ○取引先の始業・終業時刻 ○社員が利用する交通機関の混雑時間帯 ○その他

（4）勤務形態の見直し

勤務時間が短くなればなるほど、勤務時間を有効に活用することの必要性が高まります。

現在、多くの会社が全社員に対して、同一の勤務時間を一律に適用しています。例えば、「午前9時～午後6時」という単一の勤務時間をすべての社員に一律に適用しています。しかし、このような全社員一律の勤務形態がベストであるという保証は全くありませ

ん。もっと自由で柔軟な勤務形態を採用した方が、

・業務の合理化

・時間外勤務の削減

・社員の勤労意欲の向上

などを図れるかもしれません。

勤務時間の短縮を進めるプロセスの中で、他の勤務形態への変更の是非を検討することが望まれます（自由で柔軟な勤務形態については、「第7章　週休3日制と勤務形態」を参照してください）。

（5）移行期間

どの程度の期間をかけて10時間勤務から8時間勤務へ移行するかは、もとより会社の自由です。標準的な期間とか、目安期間というものがあるわけでもありません。

一般的・常識的に判断すれば、5～7年程度で移行するのが適切でしょう。

3　移行スケジュールの作成

（1）移行スケジュール作成の意義

会社では、ある目標を達成する場合に、スケジュールを作成し、そのスケジュールを社長の承認、役員会の決定などによってオーソライズ（機関承認）するのが一般的です。

スケジュールの作成とそのオーソライズによって職場にある種の緊張感が醸成され、その緊張感が目標達成の原動力となるのです。

8時間勤務への移行についても、同様です。

移行スケジュールが定められていないと、移行への取り組みがとかくおろそかになります。しかし、移行スケジュールが合理的・現実的に定められていれば、勤務時間短縮への取り組みが積極的・計画的になります。その結果、8時間勤務への回帰という目標が達成される可能性が高まります。

（２）８時間勤務制への移行スケジュールの例

８時間勤務制への移行スケジュールの例を示すと、次のとおりです。

○その１

□年４月１日～　　10時間勤務➡９時間40分勤務

□年４月１日～　　９時間40分勤務➡９時間20分勤務

□年４月１日～　　９時間20分勤務➡９時間勤務

□年４月１日～　　９時間勤務➡８時間40分勤務

□年４月１日～　　８時間40分勤務➡８時間20分勤務

□年４月１日～　　８時間20分勤務➡８時間勤務

○その２

□年４月１日～　　10時間勤務➡９時間勤務

□年４月１日～　　９時間勤務➡８時間勤務

（３）社長の承認

８時間勤務への移行は、会社にとってきわめて重要な意思決定です。このため、人事部として移行スケジュールを内定したときは、社長の承認を得ることとします。

様式例　８時間勤務への移行スケジュールの決済願い

○年○月○日

取締役社長殿

人事部長

８時間勤務への移行スケジュールについて（決済願い）

下記のスケジュールにより、８時間勤務制に移行したいと思います。なお、経営環境が変化したときは、スケジュールを変更することとします。

□年４月１日～　　10時間勤務➡９時間40分勤務

□年４月１日～　　９時間40分勤務➡９時間20分勤務
□年４月１日～　　９時間20分勤務➡９時間勤務
□年４月１日～　　９時間勤務➡８時間40分勤務
□年４月１日～　　８時間40分勤務➡８時間20分勤務
□年４月１日～　　８時間20分勤務➡８時間勤務

以上

４　勤務時間の短縮

（1）勤務時間の短縮

８時間勤務への移行スケジュールが社長の承認を得たときは、そのスケジュールにしたがって勤務時間を短縮していきます。

実際に勤務時間を短縮するかしないかは、

・会社の業績
・世間の景気（日本経済の動向）
・主要な取引先の景気
・他社との競争関係

などに十分配慮します。

これらのうち、最も重視すべきは、会社の業績です。

規模の大小や業種のいかんにかかわらず、会社にとって、売上、受注、粗利益、営業利益、経常利益、純利益などの業績は、きわめて重要です。勤務時間の短縮に当たって業績に配慮することは当然のことでしょう。

（2）社長の承認

人事部は、業績等の分析を踏まえて勤務時間を短縮するときは、あらためて社長の承認を得るものとします。

様式例　勤務時間短縮の決済願い

○年○月○日

取締役社長殿

人事部長

勤務時間短縮について（決済願い）

８時間勤務制への移行スケジュールに従い、本年４月１日より、下記のとおり10時間勤務から９時間40分勤務に移行したいと思います。

始業・午前９時～終業・午後７時40分（途中・休憩１時間）

以上

５　社員への通知

勤務時間の短縮について社長の承認を得たときは、社員に通知します。

様式例　勤務時間短縮の社内通知

○その１（一般的なもの）

○年○月○日

社員の皆さんへ

取締役社長

勤務時間短縮について（お知らせ）

労働条件の向上のため、本年４月１日より、下記のとおり10時間勤務から９時間40分勤務に移行することにしましたのでお知らせします。

始業・午前９時～終業・午後７時40分（途中・休憩１時間）

以上

○その２（業務上の心得も盛り込んだもの）

○年○月○日

社員の皆さんへ

取締役社長

勤務時間短縮について（お知らせ）

労働条件の向上のため、本年４月１日より、下記のとおり10時間勤務から９時間40分勤務に移行することにしましたのでお知らせします。

始業・午前９時～終業・午後７時40分（途中・休憩１時間）

なお、週休３日制を成功させるため、業務において次のことに努めるようお願いします。

1　勤務時間が限られていることを意識して業務に取り組むこと
2　勤務時間を有効に活用して業務の効率化に努めること
3　時間外勤務が長時間に及ばないように努めること
4　休日に勤務するときは、あらかじめ会社に届けること
5　会社から指示された業務は、指示された期間に責任をもって完成させること
6　業務の遂行について、安易に上司、同僚に手助けを求めないこと
7　職場の和を重視して業務を遂行すること
8　業務の経過および結果を適宜適切に会社に報告すること

9　経営環境の変化に柔軟かつ適切に対応することができるようにするため、絶えず自己啓発に努めること

以上

第4章

社員の意見と希望の吸収

第１節

社員の意見と希望の吸収の意義

1　休日制度の性格

週休３日制は、重要な労働条件です。労働に伴う身体的・精神的な疲労の回復と個人生活の充実において大きな役割を果たすものです。

いくら給与が高くても、あるいは賞与（一時金）の支給月数が世間水準に比較して多いといっても、休日の日数が少なくては、家族との触れ合い、友人との交流、個人的な趣味やスポーツの楽しみなどの活動をすることができず、生活は寂しいものです。

また、休日は、すべての社員に一律に適用されるものです。一部の社員だけに適用されるものではありません。

2　社員の意見の吸収効果

いうまでもなく、会社と社員との関係は、雇用関係です。したがって、人事制度（労働条件）は、会社（使用者）の責任において企画し、会社の責任において実施すべきものです。しかし、休日制度が、

・重要な労働条件であること

・すべての社員に一律に適用されるものであること

を考えると、先進的・先駆的な制度ともいうべき週休３日制の実施については、社員の意見と希望を反映させることが望ましいといえます。

会社の経営を円滑に行うためには、労使の信頼関係が必要不可欠です。経営者と社員との信頼関係の重要性は、どれほど強調しても強調しすぎることはないでしょう。

週休３日制は、先進的な制度です。その先進的な制度の実施について社員の意見と希望を取り入れることにより、会社の経営姿勢に対する社員の信頼が向上するといえます。

図表　社員の意見を聴くことの効果

○週休３日制が定着する
○社員の勤労意欲が向上する
○会社の経営姿勢への信頼感が高まる
○その他

３　社員の意見の吸収方法

社員の意見や希望を吸収する方法としては、一般的・実務的に、

・社員を対象としてアンケートを行う
・若手・中堅社員から構成される委員会を立ち上げる
・社内版パブリックコメントを実施する

などがあります。

第2節
週休3日アンケートの実施フレーム

1　アンケートの対象者

週休３日制は、すべての社員に適用されるものです。特定の職種や階層や職掌に限定して実施されるものではありません。したがって、すべての社員を対象として実施します。

2　アンケートの方法

アンケートは、統一的・効率的に行うことが必要です。対象者によって質問項目や選択肢が異なるなど、統一性に欠けると、集計作業が困難となります。

また、対象者に意見を記入させる方式を採用すると、アンケートの回収に時間がかかります。アンケートの統一性・効率性を確保するため、図表に示す事項に留意することが望まれます。

図表　アンケートの統一性・効率性の確保策

①　全社員いっせいに配信または配布する
②　質問は、簡潔・わかりやすく作成する
③　選択肢を用意する
④　記述式の回答は避ける
⑤　回答の締め切り日を設ける
⑥　質問項目の数、選択肢の数を制限する

３　アンケートの項目

アンケートは、社員の意見や希望を週休３日制の設計に役立てるために実施するものです。ただ単に労働条件にどの程度満足しているかを調査するのが目的でもなければ、勤務時間・休日・休暇制度の将来像を予測する資料を得るために実施するものでもありません。

アンケートの目的を踏まえて項目を決めます。一般的な項目を示すと、図表のとおりです。

図表　アンケートの項目

・週休３日制への関心の程度
・週休３日制に関心を持つ理由、関心を持たない理由
・月に１、２回程度の週休３日制の評価
・夏季に限定した週休３日制の評価
・閑散期に限定した週休３日制の評価
・休日とする曜日の希望
・週休３日制を実施するために勤務時間を延長することの是非
・週休３日制に移行しても、残業をあまり増加させることなしに現在の仕事ができるかの自信の程度
・休日を有効に活用することの自信の程度
・その他

４　質問項目の数

質問項目が多すぎると、回答する社員に負担がかかります。これは、アンケートの趣旨に照らして好ましいものではありません。また、項目が多すぎると、回答の質が低下する危険性があります。

一般的にみて、質問の数は10項目前後とするのが適切です。

5　選択肢の数

各質問について、選択肢を用意します。

選択肢は、１つの質問について３～５個程度とします。

第３節
週休３日アンケート調査票の例

参考までに、アンケート調査票の例を示すと、次のとおりです。

○その１（一般的なもの）

○年○月○日

社員の皆さんへ

取締役社長

週休３日制のアンケートについて（お願い）

会社は、働き方改革の一環として週休３日制の実施を検討しています。その設計に役立てるため、社員の皆さんを対象としてアンケート調査を行うこととしました。このことについて、皆さんのご理解とご協力を求めます。

アンケート調査票
～該当する番号に○印をつけてください～

Ｑ１　週休３日制に関心がありますか。
　１　大いにある（Ｑ２へ）
　２　ある（Ｑ２へ）
　３　あまりない（Ｑ３へ）
　４　まったくない（Ｑ３へ）

Ｑ２　関心がある理由は？（○印はいくつでも）
　１　休日は多い方がいいから
　２　休日にしたいことがあるから

3　休日は重要な労働条件であるから
4　仕事がとても忙しいから
5　ノンビリしたいから
6　その他（　　　）

Q３　関心がない理由は？（○印はいくつでも）
1　いまの休日数に満足しているから
2　仕事をしている方が楽しいから
3　休日にしたいことが特にないから
4　収入が減る心配があるから
5　その他（　　　）

Q４　会社が週休３日制の実施に取り組むことをどのように思いますか。
1　大いに賛成する
2　賛成する
3　あまり賛成できない
4　賛成できない

Q５　月１回だけの週休３日制について、どのように思いますか。
1　現実的な対応で、賛成する
2　消極的な対応で、賛成できない
3　どちらともいえない

Q６　夏季だけの週休３日制について、どのように思いますか。
1　現実的な対応で、賛成する
2　消極的な対応で、賛成できない
3　どちらともいえない

Q７　閑散期（２月、８月、９月）だけの週休３日制について、どのように思いますか。
1　現実的な対応で、賛成する
2　消極的な対応で、賛成できない

３　どちらともいえない

Ｑ８　次のうちどれか１つを実施するとすれば、どれを希望しますか。

１　月１回の週休３日制

２　夏季限定の週休３日制

３　閑散期限定の週休３日制

Ｑ９　１日の勤務時間を８時間から10時間に延長して週休３日制を実施することについて、どのように思いますか。

１　賛成する

２　１日の勤務時間が10時間では長すぎるので、賛成できない

３　どちらともいえない

Q10　週休３日について、次のうちどれを希望しますか。

１　金曜、土曜、日曜の３日

２　土曜、日曜、月曜の３日

３　土曜、日曜以外は個人が選択する曜日

Q11　会社が働き方改革に取り組むことについて、どのように思いますか。

１　大いに進めるのがよい

２　現在のままで十分だ

３　どちらともいえない

～以上です。どうもありがとうございました～

○その２（時間短縮の方法についても質問したもの）

○年○月○日

社員の皆さんへ

取締役社長

週休３日制のアンケートについて（お願い）

会社は、働き方改革の一環として週休３日制の実施を検討してい

ます。その設計に役立てるため、社員の皆さんを対象としてアンケート調査を行うこととしました。このことについて、皆さんのご理解とご協力を求めます。

アンケート調査票

Ｑ１　年間の所定勤務時間の短縮方法として、次のうち、どちらを希望しますか。

　１　１日の所定勤務時間の短縮

　２　休日の増加

Ｑ２　休日を増やす場合、次のうち、どちらを希望しますか。

　１　週休３日制の実施

　２　週休日以外の休日の増加

Ｑ３　週休３日制について、次のうちどれか１つを実施するとすれば、どれを希望しますか。

　１　月１回の週休３日制

　２　季節限定の週休３日制

　３　閑散期限定の週休３日制

Ｑ４　季節を限定して週休３日制を実施する場合、どの季節がよいと思いますか。

　１　春（３～５月）

　２　夏（６～８月）

　３　秋（９～11月）

　４　冬（12～２月）

Ｑ５　週休３日について、次のうちどれを希望しますか。

　１　金曜、土曜、日曜の３日

　２　土曜、日曜、月曜の３日

　３　土曜、日曜以外は個人が選択する曜日

Ｑ６　週休３日制を実施するために勤務時間を30分か１時間程度延

長することについて、どのように考えますか。

1　やむを得ないと思う

2　勤務時間を延長するなら、今の週休2日制でよい

Q7　週休3日制に移行した場合、残業を増やすことなしに、今の仕事を今と同じ量だけ処理する自信がありますか。

1　大いにある

2　ある程度ある

3　あまりない

4　まったくない（残業が増えると思う）

Q8　残業を増やすことなしに週休3日制を成功させるためには、どのような対策が必要であると考えますか（○印はいくつでも）

1　業務の抜本的な見直し

2　業務処理のデジタル化・ＩＴ化・機械化

3　一部業務の外注化

4　専門業者の活用

5　子会社の活用

6　社員の増員

7　パートや派遣社員の活用

8　職務権限の見直し

9　組織と業務分掌の見直し

10　その他（　　　　）

Q9　週休3日制への移行に伴って給与制度の見直し（例えば、職能給、役割給、成果給の導入や年俸制度など）が必要であると思いますか。

1　大いにある

2　ある

3　あまりない

4　まったくない

5　わからない

～以上です。ご協力ありがとうございます～

○その３（月１回週休３日制を中心にしたもの）

○年○月○日

社員の皆さんへ

取締役社長

週休３日制のアンケートについて（お願い）

会社は、働き方改革の一環として週休３日制の実施を検討しています。その設計に役立てるため、社員の皆さんを対象としてアンケート調査を行うこととしました。このことについて、皆さんのご理解とご協力を求めます。

アンケート調査票

Q１　ニュースなどで、「働き方改革」という言葉を聞いたことがありますか。

1　ある

2　ない

Q２　週休３日制は働き方改革の１つの形態ですが、週休３日制にどの程度関心がありますか。

1　大いにある

2　ある

3　あまりない

4　まったくない

Q３　会社は、とりあえず月１回の週休３日制から週休３日制をスタートさせることを予定していますが、月１回の週休３日制をどのように評価しますか。

1　現実的な対応で、評価できる

2　休日の日数が少ないので、あまり評価できない

Ｑ４　週休３日について、次のうちどれを希望しますか。

1　金曜、土曜、日曜の３日

2　土曜、日曜、月曜の３日

3　土曜、日曜以外は個人が選択する曜日

Ｑ５　週休３日制に移行しても、残業をあまり増やさずに、現在と同じ仕事を、現在と同じ量だけ遂行する自信がありますか。

1　大いにある

2　ある

3　あまりない

4　まったくない

Ｑ６　週休日を有効に活用する自信がありますか。

1　大いにある

2　ある

3　あまりない

4　まったくない

Ｑ７　会社は、何年程度かけて、月１回週休３日制から完全週休３日制（年間を通して毎週３日を休日とする制度）へ移行するのが適切であると思いますか。

1　３年程度

2　５年程度

3　７年程度

4　10年程度

5　わからない

Ｑ８　週休３日制のほかに、働き方改革のために会社が実施すべきことは何だと思いますか（○印はいくつでも）。

1　長期リフレッシュ休暇

２　ボランティア休暇
３　自己啓発休暇
４　人事異動において本人の希望を反映させる制度
５　特定の業務の担当者を社内から公募する制度
６　定年制の廃止
７　自己啓発支援制度
８　その他（　　　）

～以上です。ご協力ありがとうございました～

○その４（夏季週休３日制を中心としたもの）

○年○月○日

社員の皆さんへ

取締役社長

週休３日制のアンケートについて（お願い）

会社は、働き方改革の一環として週休３日制の実施を検討しています。その設計に役立てるため、社員の皆さんを対象としてアンケート調査を行うこととしました。このことについて、皆さんのご理解とご協力を求めます。

アンケート調査票

Q１　ニュースなどで、「働き方改革」という言葉を聞いたことがありますか。
１　ある
２　ない

Q２　週休３日制は働き方改革の１つの形態ですが、週休３日制にどの程度関心がありますか。
１　大いにある

　２　ある
　３　あまりない
　４　まったくない
Ｑ３　会社は、とりあえず夏季（７月～９月）に限定した週休３日制から週休３日制をスタートさせることを予定していますが、夏季限定週休３日制をどのように評価しますか。
　１　現実的な対応で、評価できる
　２　休日の日数が少ないので、あまり評価できない
Ｑ４　週休３日について、次のうちどれを希望しますか。
　１　金曜、土曜、日曜の３日
　２　土曜、日曜、月曜の３日
　３　土曜、日曜以外は個人が選択する曜日
Ｑ５　週休３日制に移行しても、残業をあまり増やさずに、現在と同じ仕事を、現在と同じ量だけ遂行する自信がありますか。
　１　大いにある
　２　ある
　３　あまりない
　４　まったくない
Ｑ６　夏季の次の週休３日制はいつがいいと思いますか。
　１　春がいい
　２　秋がいい
　３　冬がいい
Ｑ７　週休日を有効に活用する自信がありますか。
　１　大いにある
　２　ある
　３　あまりない
　４　まったくない
Ｑ８　会社は、何年程度かけて、夏季限定週休３日制から完全週休

３日制（年間を通して毎週３日を休日とする制度）へ移行するのが適切であると思いますか。

1　３年程度
2　５年程度
3　７年程度
4　10年程度
5　わからない

Q９　週休３日制は、社員の勤労意欲の向上にどの程度効果的であると思いますか。

1　大いに効果がある
2　効果がある
3　あまり効果がない
4　まったく効果がない
5　わからない

Q10　週休３日制は、会社の求人力の向上に効果があると思いますか。

1　大いに効果がある
2　効果がある
3　あまり効果がない
4　まったく効果がない
5　わからない

～以上です。ご協力ありがとうございます～

第４節
週休３日委員会の立ち上げ

1　週休３日委員会の趣旨

（1）週休３日制の性格

きわめて当然のことですが、週休３日制は、週の休日を現在の２日から３日にするというものです。週の休みを１日だけ増やすということです。

社長が「週休日を１日増やそう」と決め、就業規則を「休日は、金曜、土曜および日曜とする」と変更すれば、それで終わりです。

監督官庁に許可願いを提出すべき案件でもなければ、株主総会の承認を必要とする事案でもありません。

しかし、安易に実施すると、

・売上や受注が減少する

・営業利益、経常利益が減る

・取引先へのサービスの質が低下する

・残業（時間外勤務）が増え、残業代の支払負担が重くなる

などの問題が生じます。

（2）会社にふさわしい制度と対策

週休３日制は、働き方改革にふさわしい制度です。また、休日を増やす制度ですので、労働条件の向上を意味します。したがって、前向きに取り組むのが望ましいといえます。

しかし、安易に実施すると、先に指摘したような問題が発生する可能性があります。このため、あらかじめ社内において、

①　会社の実力や業態、経営方針等から判断して、どのような内

容の週休3日制がふさわしいか

② 売上や受注の減少、生産性の低下を防ぐために、どのような対策を講じるべきか

を、経営の実態に即して、総合的・多角的に議論することが必要です。

このような議論をするための組織が「週休3日委員会」です。

図表　週休3日制を成功させる条件

① 会社の実力や業態、経営方針等から判断して、最も会社にふさわしい週休3日制を採用すること
② 売上や受注の減少、生産性の低下、競争力・成長力の低下等を防ぐために必要な対策を講じること
③ 週休日を段階的・計画的に増やしていくこと

2　委員会の構成と運営

(1) 委員会の役割

週休3日委員会の役割は、次のとおりとします。

図表　委員会の役割

○次の事項について審議し、社長に提言すること
1　実施すべき週休3日制の内容
2　週休3日制の実施に当たって講じる対策・措置

(2) 委員会の設置期間

労働条件は、その実施を決めたときは、できる限り早期に実施することが望ましいといえます。週休3日制も同様です。

週休3日委員会の設置期間は、3ヶ月〜6ヶ月程度とするのが現実的です。委員を選任・任命して委員会の活動をスタートさせたときは、おおむね3ヶ月〜6ヶ月程度以内で社長に提言書を提出するものとします。

（3）委員会の構成

①　委員の対象者

会社が成長発展するためには、若い社員の意見を尊重することが必要です。若い社員は、既存の制度や慣習にとらわれることなく新しい発想ができるうえに、考え方も柔軟であるからです。

一方、中堅社員は、勤続が一定年数経過しているので、会社の強みと弱みをよく知っています。経営の実力を踏まえた総合的な判断力を習得しています。

このため、若手社員と中堅社員を委員に登用するのがいいでしょう。

②　委員の人員

会社が必要とするのは、実効性のある具体的な提案です。会社の実力（収益性・成長性・競争力）に即した現実的・合理的な提案です。当たり障りのない提案や具体性に欠ける提案は必要ありません。

会社の実力にふさわしい、実効性のある提案を取りまとめるためには、委員の間で実のある議論をすることが何よりも必要です。

一般に、委員の人数が多いと、一人の委員が発言する回数や発言時間が制限されるため、有益な議論を展開することができません。これに対して、委員の人員が少ないと、特定の委員の発言が他の委員の発言に大きな影響を与える可能性が強まり、公正な結論を期待することが困難な状況に陥ります。

委員の人数は、5〜10人程度とするのが適切でしょう。

③　委員の選任方法

委員の選任は、図表に示すような方法を採用するのがよいでしょう。

図表　委員の選任方法

① あらかじめ、年齢や勤続年数などの面で一定の条件を決める（例えば、30歳以下、勤続３年以上）
② その条件を満たす適任者を各部門の責任者に推薦させる
③ 部門の責任者が推薦した者を社長が委員に指名する

様式例　委員の辞令

○年○月○日

○○部○○課○○○○殿

取締役社長

辞令

週休３日委員会の委員に任命する。
（任期）○年○月○日～○年○月○日

以上

（４）委員会の運営

①　委員会の役員

委員会は、組織的・効率的に運営されることが必要です。このため、委員長、副委員長、幹事という役員を置くこととします。

②　委員会の開催

委員会は、委員長が招集することによって開催します。

なお、開催のための委員のスケジュールの調整という手間を省くため、「毎週金曜の終業後、第１会議室で開催する」というようにあらかじめ定例会議について、その日時と場所を決めておくのがよいでしょう。

③　**委員会の議長**

議長は、委員長が務めます。

④　**議事録の作成**

会議を開催したときは、議事録を作成することとします。作成者は、議長が指名します。

3　委員会設置要領の作成と要領例

週休３日委員会を設置するときは、その内容を設置要領として取りまとめ、社長の承認を得るものとします。

設置要領の例を示すと、次のとおりです。

様式例　週休３日委員会設置要領

人事部

（作成日）○年○月○日

（社長承認日）○年○月○日

週休３日委員会設置要領

1　委員会の設置目的

次の事項について審議し、社長に提言すること。

（１）会社にふさわしい週休３日制の内容

（２）経費の増加、生産性の低下、業績の低下等を発生させないために、週休３日制への移行に伴って会社が講じるべき対策

2　設置日と設置期間

（１）委員会の設置日

○年○月○日付

（２）設置期間

設置日から６ヶ月間

３　委員

（１）選任基準

勤続３年以上・30歳以下で、委員にふさわしい知見を有する者

（２）選任の手続き

各部門の部長が推薦した者を委員として選任する。

（３）委員数

10名程度とする。

（４）委員の任期

委員会の設置期間と同じとする。

（５）委員手当

月額１万円とする。

４　委員会

（１）役員

委員会の運営を組織的・効率的に行うため、委員会に役員を置く。役員は、委員長、副委員長および幹事とし、委員の互選により選任する。

（２）委員会の招集

委員会は、委員長の招集により開催する。

（３）議事録の作成

委員会を開催したときは議事録を作成し、議事の経過および結果を記載する。議事録の作成者は、委員長が指名する。

（４）　事務

委員会の事務は、人事課で執り行う。

以上

4　社員への発表と発表例

週休３日委員会を設置した旨を社員に発表するのがよいでしょう。

様式例　社員への発表例

○年○月○日

社員の皆さんへ

取締役社長

週休３日委員会の設置について（お知らせ）

会社は、働き方改革の１つとして、来年４月１日から週休３日制を実施することとしました。そこで、週休３日制の具体的な内容と、業績の低下を防ぐための対策を審議し、会社に提言するための委員会を設置することとしました。委員は、次の方々です。

委員会の設置について、皆さんのご理解とご協力を求めます。

所属部課	氏名

以上

第５節

週休３日の提言例

週休３日委員会は、提言をまとめたときは、社長に提言書を提出します。

提言の例を示すと、次のとおりです。

○その１（月１回週休３日制）

〇年〇月〇日

取締役社長〇〇〇〇殿

週休３日委員会委員長〇〇〇〇

週休３日制の内容と対策（提言）

１　週休３日制の内容

（１）週休３日制の形態

月１回週休３日制とする。毎月第１週とする。

（２）実施時期

年間を通じて実施する。

（３）週休日

金曜、土曜、および日曜

（４）１日の勤務時間数等

１日の勤務時間その他勤務時間、休日および休暇は、現行どおりとする。

２　完全週休３日制への移行

次のスケジュールにより完全週休３日制に移行する。

○○年４月１日～　　月２回週休３日制
○○年４月１日～　　月３回週休３日制
○○年４月１日～　　完全週休３日制

３　週休３日制対策

生産性の低下、業績の低下その他、週休３日制への移行に伴って生じる問題を防止するため、次の対策を講じる。

（１）業務の見直し

すべての業務について、その必要性、費用対効果（コストパフォーマンス）等の観点から見直しを行い、必要性の低い業務、効果の少ない業務は廃止する。

（２）業務のデジタル化・IT化

デジタル化・IT化が可能な業務は、デジタル化・IT化を図り、業務の合理化を図る。

（３）届出書、報告書等の見直し

社員が会社へ提出する各種の届出書、報告書、統計作成のうち、廃止可能なものは廃止し、簡素化できるものは簡素化する。

（４）職務権限の見直し

意思決定を迅速に行い事態に適切・迅速に対応するため、職務権限の見直しを行う。

（５）経営情報の共有化の推進

意思決定の迅速化、業務の効率化・合理化を図るため、経営情報の共有化とアクセス範囲の柔軟化を推進する。

（６）個人情報の有効活用

お客さまの個人情報がマーケティングや商品開発において有効に活用されていないので、個人情報の活用の仕組みを整備する。

（７）会議の効率化・簡素化

会議に相当の時間が割かれ、本来の業務に集中できないことが多いので、最長時間を設けるなど会議の効率化と簡素化を行う。

（8）経費節約意識の向上策

経費の節約意識が比較的に低いため、随時「経費節約週間」を設けるなど、節約意識の向上を図る。

以上

○その2（月2回週休3日制）

○年○月○日

取締役社長○○○○殿

週休3日委員会委員長○○○○

週休3日制の内容と対策

週休3日制の内容とその対策について審議した結果、以下のような結論に至りました。

1　週休3日制の内容

（1）週休3日制の形態

現在の週休2日制から一挙に完全週休3日制に移行すると、業績に大きな影響が生じる可能性があります。

したがって、当面は、月2回、第2週と第3週の金曜日を休日とします。

（2）実施時期

年間を通じて実施します。

（3）1日の勤務時間数等

1日の勤務時間その他勤務時間、休日および休暇は、現行どおりとします。

2　完全週休3日制への移行

次のスケジュールにより完全週休3日制に移行します。

○○年4月1日以降　　第1週の金曜も休日も休日とし、月3

回週休3日制とする

○○年4月1日以降　　各週週休3日制とする

3　雇用の保障

会社は、週休3日制への移行を理由として雇用調整は行わないものとします。

4　給与の保障

会社は、週休3日制への移行を理由として、給与の引き下げは行わないものとします。

5　週休3日制対策

週休3日制への移行によって業績の低下等が生じないようにするため、以下の対策を講じることとします。

（1）業務面の対策

①　業務のデジタル化・IT化

これまでもデジタル化によって業務の効率化と質の向上が図られてきましたが、これからも会社の業務全般にわたって計画的にデジタル化を推進していくことが必要です。

②　必要性の低い業務の廃止

会社のビジネス環境が変化しているにもかかわらず、数十年前に開始された業務が行われている事例があります。業務全般についてその必要性をチェックし、必要性が低下したものは廃止するべきです。

③　職務権限の見直し

現在の職務権限は、部長職に集中しすぎています。意思決定を迅速に行うため、職務権限規程の見直しが必要です。

④　会議の生産性向上

現在の会議にはあまりにも問題があります。週休3日への移行に伴い、会議の簡素化・合理化・オンライン化を図る必要があります。

（２）マンパワー面の対策

①　応援派遣システムの整備

ある部門はきわめて忙しいのに別の部門の社員は時間を持て余しているという場面がしばしば見られます。忙しくない部門から忙しい部門に一時的に社員を派遣するシステムを整備する必要があります。

②　女性社員の活躍できる職場の形成

当社には、能力と意欲があるにもかかわらず、「女性であるから」という理由で、補助的・定型的な単純業務しか与えられていない女性社員がいます。これは、宝の持ち腐れです。能力と意欲に優れた女性社員には、その能力と意欲を活かすことのできる仕事を担当させることが必要です。能力と意欲のある女性社員が、その能力と意欲を発揮できる職場を整備することが必要です。

（３）勤務形態対策

①　テレワークの制度化

専門的な知識を必要とする業務や企画業務など、裁量的業務に従事する社員について、テレワークを制度化し、業務の効率化を図るのが合理的です。

②　フレックスタイム制の実施

週休３日制の下では、限られた勤務時間を少しでも有効に活用し、業務の効率化を図る必要があります。このため、始業時刻・終業時刻を本人に決定させるフレックスタイム制を導入します。

（４）時間外勤務の抑制

①　時間外勤務の上限の設定

週休３日制に移行すると、時間外勤務が増加する可能性があります。時間外勤務の増加を抑制するため、時間外労働協定（36協定）の枠を超えない範囲において、その上限目標を設定し、その枠の範囲で業務を遂行するよう、社員に求めます。

②　休日勤務の制限

週休３日制のもとにおける休日勤務の増加を抑制するために、休日勤務ができる日数を制限します。

③　みなし時間制の活用

時間外勤務の増加を抑制するため、営業職、企画職および専門職については、労働基準法の定めるところにより、みなし時間制を適用します。

（５）副業対策

副業については、「視野を拡大できる」などのメリットもありますが、問題点も指摘されています。会社として容認する副業と容認しない副業とを明確にすると同時に、事前届出制とすべきです。

以上

第６節
社内版パブリックコメントの実施

１　パブリックコメントとは

国･地方自治体や公共団体などが特定の政策や事業を行うときに、広く国民・住民や利用者からその政策や事業についての意見を聴く制度を一般に「パブリックコメント」といいます。

例えば、社会福祉や医療は、本来的に厚生労働省の仕事です。したがって、厚生労働省が立案・企画して実施すべきことです。しかし、役所だけで実施すると、国民の生活や必要性とかけ離れたものになる危険性があります。そこで、民主主義のルールに則り、広く国民の意見を求めるわけです。国民の意見を政策に反映させることにより、国民生活に密着した制度となることが期待されます。

２　社内版パブリックコメントの趣旨

（１）新しい人事制度の立案・企画

会社の場合、人事・労務問題の所管部門は人事部です。

新しい人事制度は、人事部が他社の事例や法令の規定などを踏まえて立案・企画し、社長の承認を得て実施します。「各部門が行うべき業務の内容を業務文書」として明文化している会社では、「人事･労務の立案・企画に関すること」は人事部の業務としています。

しかし、人事部だけで立案・企画すると、社員の希望や必要性とかけ離れたものになる危険性があります。そこで、社長の決済・承認を得る前に広く社員の意見を求めます。これが「社内版パブリックコメント」です。

（2）人事制度と人事部門への信頼感の醸成

社内版パブリックコメント制度には、社員の参加意識の向上などの効果が期待できます。

図表　社内版パブリックコメントの効果

○社員の意見を取り入れることにより、制度がより良いものとなる ○制度の決定・実施の透明性が高まり、勤労意欲が向上する ○人事部門への信頼性が高まる ○その他

3　週休3日制のパブリックコメント

週休3日制は、

① 休日は重要な労働条件である
② 週休3日制は、先進的な人事制度である
③ 休日の増加に伴って、業績の低下などを防ぐために業務の見直しを必要とする

などから判断して、パブリックコメントを行うにふさわしいテーマ（案件）であるといえます。このため、週休3日制の内容について人事部の素案がまとまったときは、社長の承認を得てパブリックコメントを実施するのがよいでしょう。

様式例　パブリックコメントについての許可願い

○年○月○日

取締役社長殿

人事部長

週休3日制の社内パブリックコメントについて（許可願い）

週休3日制について社内パブリックコメントを実施したいので許可願います。

以上

様式例　週休3日制の社内パブリックコメントの発表文

○年○月○日

社員の皆さんへ

取締役社長

週休3日制について（お知らせ）

会社は、働き方改革の一環として、来年4月1日から週休3日制を採用することを予定しています。そこで、次のことについて皆さんの意見を聴くことにしました。

1　毎週第2週は金曜、土曜および日曜を休日とすることについて

2　週休3日制に伴って、業績の低下を防ぐために業務の見直しと業務のデジタル化・IT化を進めることについて

意見のある方は、人事部に申し出てください。自由な意見を希望します（人事部のメールアドレス➡○○○○、意見の受け付けは○月○日の午後○時まで）。

以上

就業規則の変更と届出

第１節
就業規則の変更と変更例

１　休日と就業規則

（1）就業規則の記載事項

休日は重要な労働条件です。誰もが就職先を決めるにあたって、

・休日は年間どれくらいあるか

・週休日は何曜日か

などを調べます。求人情報のサイトや求人広告を見たときに、給与の欄を見るだけで、休日の欄は見ないで応募を決める人はいないでしょう。

労働基準法は、休日が重要な労働条件であることに配慮して休日を就業規則への記載事項と定めています。

（2）現在の記載例

現在、週休２日制が一般的ですが、就業規則への休日の記載例は各社各様です。記載例をいくつか示すと、次のとおりです。

（例１）

第○条（休日）　休日は、毎週土曜および日曜とする。

（例２）

第○条　休日は、以下のとおりとする。

　１　週休日（土曜・日曜）

　２　年末年始休日（12月28日から１月４日まで）

　３　国民の祝日

（例３）

第○条（週休日）　週休日は２日とし、個人別休日表によって付与

する。

（例４）

第○条（休日）　休日は、以下のとおりとします。

（１）週休日（土曜、日曜）

（２）国民の祝日

（３）年末年始休日

（４）夏季特別休日

２　業務の都合により、休日を他の日に振り替えることがあります。

（例５）

第○条（週休日）　週休日は２日とする。うち１日は日曜とし、残り１日は個人別に与える。

２　就業規則の変更例

週休３日制を実施するときは、就業規則を変更することが必要です。

就業規則の変更例を示すと、以下のとおりです。

（変更例１➡月１回週休３日制への移行）

月１回の週３日制は、会社の業績（売上、受注、利益）への影響が少ないため、現実的といえます。

変更前	変更後
第○条（休日）　休日は毎週、土曜と日曜の２日とする。	第○条（休日）　休日は、毎週、土曜と日曜の２日とする。ただし、毎月第１週は、金曜、土曜および日曜の３日とする。

（変更例２➡月２回週休３日制への移行）

月２回の週休３日制への移行も、業績への影響が比較的少なく、現実的な対応であるといえます。

変更前	変更後
第○条（休日）　休日は次のとおりとする。 （１）毎週土曜、日曜 （２）国民の祝日 （３）年末年始	第○条（休日）　休日は、次のとおりとする。 （１）毎週土曜、日曜。ただし、毎月第１週および第３週は、金曜、土曜、日曜 （２）国民の祝日 （３）年末年始

（変更例３➡夏季７～９月限定の週休３日制）

夏季は暑くて、仕事の能率が低下します。一般に仕事の量も少なくなります。このため、夏季限定の週休３日制も現実的な対応といえるでしょう。

変更前	変更後
第○条（週休日）　休日は、毎週２日とし、休日付与表により個人別に与える。	第○条（週休日）　休日は、毎週２日とし、休日付与表により、個人別に与える。ただし、夏季（７月、８月、９月）は、週３日とし、休日付与表により与える。

（変更例４➡閑散期限定の週休３日制）

繁忙期と閑散期とがある会社は、閑散期に限定して週休３日制を実施するのが現実的です。業績への影響が少なくてすみます。

変更前	変更後
第○条（休日）　休日は、以下のとおりとします。 （１）毎週土曜、日曜 （２）国民の祝日 （３）年末年始 ２　業務の都合により、休日を他の日に振り替えることがあります。	第○条（休日）　休日は、次のとおりとします。 （１）毎週土曜、日曜。ただし、通常期（１月、２月、５月、６月）は、金曜、土曜、日曜の３日 （２）国民の祝日 （３）年末年始 ２　業務の都合により、休日を他の日に振り替えることがあります。

（変更例５➡完全週休３日制）

完全週休３日制は、年間を通して毎週３日の休日を与えるというもので、週休３日制の最終的な形態です。

変更前	変更後
第○条（休日）　休日は、下記のとおりとする。 （１）週休日（毎週土曜、日曜の２日） （２）国民の祝日。ただし、週休日以外の日に祝日があるときは、その日は勤務日とする。 （３）年末年始	第○条（休日）　休日は、次のとおりとする。 （１）週休日（毎週金曜、土曜、日曜） （２）国民の祝日。ただし、週休日以外の日に祝日があるときは、その日は勤務日とする。 （３）年末年始

（変更例６➡勤務時間延長型の週休３日制）

週の所定勤務時間を維持するため、１日の所定勤務時間を８時間から10時間に延長して週休３日制に移行することも考えられます。

変更前	変更後
第○条（勤務時間）　勤務時間は１日８時間とし、始業・終業時刻は次のとおりとする。 始業時刻　　午前９時 終業時刻　　午後６時 　休憩時間　正午から１時間 第○条（休日）　休日は、毎週土曜および日曜とする。	第○条（勤務時間）　勤務時間は１日10時間とし、始業・終業時刻は次のとおりとする。 始業時刻　　午前９時 終業時刻　　午後８時 　休憩時間　正午から１時間 第○条（休日）　休日は、毎週金曜、土曜および日曜とする。

（変更例７➡選択型週休３日制）

これは、「１日８時間・週５日勤務（週休２日制）」と「１日10時間・週４日勤務（週休３日制）」という２つの勤務形態を用意し、社員にいずれかを選択させるというものです。

変更前	変更後
第○条（勤務時間）　勤務時間は１日８時間とし、始業・終業時刻は次のとおりとする。 始業時刻　　午前９時 終業時刻　　午後６時 　休憩時間　正午から１時間 第○条（休日）　休日は、土曜、日曜とする。	第○条（勤務時間・休日）　社員は、次の２つの勤務形態のうち、いずれかを選択して勤務するものとする。 （１）週５日勤務・週休２日制 勤務日　　月曜～金曜 始業時刻　　午前９時 終業時刻　　午後６時 休憩　　正午から１時間 休日　　土曜、日曜 （２）週４日勤務・週休３日制 勤務日　　月曜～木曜 始業時刻　　午前９時 終業時刻　　午後８時 休憩　　正午から１時間 休日　　金曜、土曜、日曜

第2節

変更届の提出

1　変更届の提出

就業規則を変更したときは、これを労働基準監督署に提出することが必要です。

2　労働組合の意見書の添付

変更届には、労働組合（労働組合がないときは、社員の代表者）の意見書を添付しなければなりません。意見書は、就業規則の変更について労働組合としてどのように考えるかを取りまとめたものです。意見書の相手方は会社です。労働基準監督署ではありません。

労働基準監督署への変更届と労働組合の意見書の例を示すと、次のとおりです。

様式例　就業規則の変更届

○その1

○年○月○日

○○労働基準監督署長殿

○○株式会社取締役社長○○○○

就業規則変更届

このほど就業規則を下記のとおり変更しましたので、労働組合の意見書を添えてお届けいたします。

記

（変更前）

第○条（休日）　休日は、毎週土曜および日曜とする。

（変更後）

第○条（休日）　休日は、毎週土曜および日曜とする。ただし、毎月第１週は、金曜、土曜および日曜とする。

以上

○その２

○年○月○日

○○労働基準監督署長殿

○○株式会社取締役社長○○○○

就業規則変更届

このほど就業規則を下記のとおり変更しましたので、労働組合の意見書を添えてお届けいたします。

変更前	変更後
第○条（週休日）　休日は、毎週２日とし、休日付与表により個人別に与える。	第○条（週休日）　休日は、毎週２日とし、休日付与表により、個人別に与える。ただし、夏季（7月、8月、9月）は、週３日とし、休日付与表により与える。

以上

様式例　労働組合の意見書

○年○月○日

○○株式会社取締役社長○○○○殿

○○株式会社労働組合執行委員長○○○○

就業規則変更の意見書

就業規則第○条の変更に同意します。

以上

週休3日制の労使協定

第１節

週休３日制と雇用保障の労使協定

1　労使協定の趣旨

労働組合の使命と役割（ミッション）は、組合員の雇用を守り、労働条件の向上を図ることです。

週休３日制は、週の休日を増加させ、労働条件を向上させるものです。したがって、組合にとって望ましいことです。

しかし、もしも会社が週休３日制の実施に合わせて、「人件費を削減したい」として雇用調整措置を講じるとしたら大変です。雇用の削減は組合として容認できるものではありません。

週休３日制の実施に当たり、組合から雇用保障を求められることがあります。

2　協定の内容

雇用保障に関する労使協定の内容は、図表に示すようなものとするのが適切でしょう。

図表　協定の内容

○会社は、週休3日制の実施にあたり、組合員の雇用を保障すること
○次の措置は講じないこと
- 退職者の補充のための中途採用の停止
- 子会社への組合員の出向
- 希望退職の募集
- 整理解雇

3　労使協定例

○○年○○月○○日
○○株式会社取締役社長○○○○
○○労働組合執行委員長○○○○

週休3日制実施に伴う雇用保障に関する労使協定

○○株式会社（以下、「会社」という。）と○○労働組合（以下、「組合」という。）とは、週休3日制の実施に伴う雇用保障について、次のとおり協定する。

1　雇用の保障
会社は、週休3日制の実施に当たり、組合員の雇用を保障する。
2　講じない措置
会社は、週休3日制への移行を理由として次の措置は講じないものとする。
（1）退職者の補充のための中途採用の停止
（2）組合員の子会社への出向・転籍
（3）希望退職の募集
（4）整理解雇

この協定の有効期間は、○○年○○月○○日から1年とする。ただし、会社または組合のいずれかが有効期間満了の2ヶ月前までに異議を唱えないときは、さらに1年有効とし、以後も同様とする。

以上

第2節

週休３日制と給与保障の労使協定

1　労使協定の趣旨

給与は、最も重要な労働条件です。一定の金額以上の給与が安定的に支払われることにより、組合員とその家族の安定した生活が可能となります。

組合員の中には「週休３日制になったら給与が減るのではないか」と心配す者がいます。給与の減額を心配しているようでは、仕事に集中することはできません。

組合から給与の保障に関する労使協定の締結を求められたときは、協定を結ぶのがよいでしょう。

2　協定の内容

協定の内容は、図表に示すようなものとします。

図表　労使協定の内容

1　週休３日制の実施に当たり給与を保障すること
2　次の措置は講じないこと
・基本給の減額
・諸手当の減額
・諸手当の廃止

3　労使協定例

○○年○○月○○日
○○株式会社取締役社長○○○○
○○労働組合執行委員長○○○○

週休3日制実施に伴う給与保障に関する労使協定

○○株式会社（以下、「会社」という。）と○○労働組合（以下、「組合」という。）とは、週休3日制の実施に伴給与保障について、次のとおり協定する。

1　給与の保障
会社は、週休3日制の実施に当たり組合員の給与を保障する。
2　講じない措置
会社は、週休3日制の実施を理由として、次の措置は講じない。
（1）基本給の減額
（2）諸手当の減額
（3）諸手当の廃止

この協定の有効期間は、○○年○○月○○日から1年とする。ただし、会社または組合のいずれかが有効期間満了の2ヶ月前までに異議を唱えないときは、さらに1年有効とし、以後も同様とする。

以上

第３節

週休３日制と昇給率の最低保障の労使協定

1　労使協定の趣旨

給与について、昇給を行うかどうかはそれぞれの会社の自由です。昇給は、労働基準法で定められている制度ではありません。

しかし、多くの会社は、

・勤続年数が伸びれば仕事の遂行能力が向上する

・組合員の生活費が上昇する

・組合員の勤労意欲を高める必要がある

などの事情に配慮して、定期的に昇給を行っています。昇給の時期は、４月が一般的です。実際、年が明けて２月、３月になると、昇給（賃上げ）をめぐるニュース報道が多くなります。

組合員は、週休３日制に移行しても一定率以上の昇給が行われることを期待しています。このため、組合から、週休３日制に移行しても一定率以上の昇給を行うように要求されることがあります。

組合から昇給率の最低保障に関する協定の締結を求められたときは、前向きに対応することが望ましいといえます。

2　協定の内容

労使協定の内容は、

・週休３日制移行後も、毎年４月に昇給を行う

・全組合員について、一定率以上の昇給を保障する

とするのがよいでしょう。

３　労使協定例

○○年○○月○○日
○○株式会社取締役社長○○○○
○○労働組合執行委員長○○○○

週休３日制実施に伴う昇給率の保障に関する労使協定

○○株式会社（以下、「会社」という。）と○○労働組合（以下、「組合」という。）とは、週休３日制の実施に伴う昇給率の最低保障について、次のとおり協定する。

１　昇給の実施

週休３日制移行後においても、毎年４月に昇給を行う。ただし、次に掲げる者については、行わない。

（１）昇給の算定期間における出勤率（所定勤務日数に対する実勤務日数の割合）が50％以下の者
（２）昇給の算定期間中に懲戒処分を受けた者

２　会社は、全組合員に対して最低１％以上の昇給を保障する。

この協定の有効期間は、○○年○○月○○日から１年とする。ただし、会社または組合のいずれかが有効期間満了の２ヶ月前までに異議を唱えないときは、さらに１年有効とし、以後も同様とする。

以上

第4節

週休３日制と賞与の最低保障の労使協定

1　労使協定の趣旨

賞与（ボーナス・一時金）を支給するか支給しないかは、会社の自由です。賞与の支給は、労働基準法で義務付けられているものではありません。

しかし、多くの会社が、

・夏季と年末には出費が増える
・ほかの会社が賞を支給している
・社員の勤労意欲を向上させる必要がある
・業績の一部を社員に還元することが望ましい

などの事情に配慮して、夏季と年末に賞与を支給しています。

社員も、賞与の支給を前提として生活設計を立てています。

社員のなかには、

・週休３日になると、業績が不振となり、賞与が支給されなくなるのではないか
・週休３日制のもとでも、賞与は確実に支給されるであろうか

という不安や懸念を持つ者がいます。

このような事情から、労働組合から、週休３日制移行後における賞与の最低保障を求められることがあります。

2　協定の内容

協定の内容は、

・週休３日制移行後も、夏季と年末に賞与を支給する

・会社は、夏季賞与・年末賞与ともに一定月数以上の支給を保障する

とするのがよいでしょう。

3　労使協定例

○○年○○月○○日

○○株式会社取締役社長○○○○

○○労働組合執行委員長○○○○

週休３日制実施に伴う賞与の最低保障に関する労使協定

○○株式会社（以下、「会社」という。）と○○労働組合（以下、「組合」という。）とは、週休３日制の実施に伴う賞与の最低保障について、次のとおり協定する。

1　会社は、週休３日制移行後も、夏季と年末に賞与を支給する。ただし、次に掲げる者については、支給しない。

（1）支給日に在籍していない者

（2）賞与の算定期間における出勤率（所定勤務日数に対する実勤務日数の割合）が50％以下の者

（3）賞与の算定期間中に出勤停止または減給の懲戒処分を受けた者

2　会社は、全組合員について、夏季賞与、年末賞与ともに基本給の１ヶ月分以上の支給を保障する。

この協定の有効期間は、○○年○○月○○日から１年とする。ただし、会社または組合のいずれかが有効期間満了の２ヶ月前までに異議を唱えないときは、さらに１年有効とし、以後も同様とする。

以上

第5節
週休3日制と福利厚生制度の保障の労使協定

1　労使協定の趣旨

福利厚生は、
- ・法律で義務付けられているもの（厚生年金保険その他の社会保険）
- ・会社が独自に行うもの（法定外福利厚生）

とに区分されます。

法定外福利厚生（以下、単に「福利厚生」という）には、さまざまなものがあります。慶弔見舞金制度は、代表的な福利厚生制度で、会社の規模や業種のいかんを問わず多くの会社で採用されています。規模の大きい会社は、社宅、独身寮、マイホーム取得のための資金貸付など、住宅面の福利厚生を充実させているところがあります。

さらに、業務上の災害に対しては、労災保険で傷害補償、休業補償、死亡補償などが行われますが、会社の中には「労災保険だけでは十分とは言えない」として、独自の補償制度を実施しているところも見られます。

福利厚生制度は、社員の生活とかかわりを持っています。会社が週休３日制への移行を機に福利厚生制度の見直しを行うと、組合員の生活に一定の影響が及ぶ可能性があります。

このため、労働組合から、週休３日制後も現行の福利厚生制度を存続させるよう、要求される可能性があります。

2　協定の内容

協定の内容は、

1　会社は、週休3日制移行後も、移行前の福利厚生制度を継続する

2　福利厚生制度の内容を変更するとき、または廃止するときは、あらかじめ組合と協議する

とするのがよいでしょう。

3　労使協定例

○○年○○月○○日

○○株式会社取締役社長○○○○

○○労働組合執行委員長○○○○

週休3日制実施に伴う福利厚生制度の保障に関する労使協定

○○株式会社（以下、「会社」という。）と○○労働組合（以下、「組合」という。）とは、週休3日制の実施に伴う福利厚生制度の保障について、次のとおり協定する。

1　福利厚生制度の継続

会社は、週休3日制移行後も、移行前の福利厚生制度を継続する。

2　組合との協議

会社は、次の場合には、あらかじめ組合と協議する。

（1）現行の制度の内容を変更するとき

（2）制度を廃止するとき

この協定の有効期間は、○○年○○月○○日から1年とする。ただし、会社または組合のいずれかが有効期間満了の2ヶ月前までに

異議を唱えないときは、さらに１年有効とし、以後も同様とする。

以上

第６節

週休３日制と福利厚生予算の保障の労使協定

1　労使協定の趣旨

人事労務に係る制度は、何事も円滑に行うことが必要です。円滑さを欠くと、制度に対する信頼感が低下します。さらには、運営主体の会社への不信感が発生する危険性もあります。

福利厚生制度についても、同様です。

福利厚生制度も円滑に進めるためには、一定の経費が必要になります。

どの会社も、福利厚生制度を円滑に進めるために、毎年度、予算を計上します。福利厚生予算は、

・制度の種類と内容
・前年度の支出実績
・会社の業績その他

を総合的に勘案して決められます。

労働組合の中には、「週休３日制移行後は、経費の削減を目的として福利厚生予算が削減されるのではないか」という意見があります。

労働組合から週休３日制後の福利厚生予算の保障を要求されたときは、誠実に対応することが望まれます。

2　協定の内容

協定の内容は、

①　週休３日制への移行後も、移行前の予算を保障する
②　毎年度、福利厚生予算を決定したときは、組合に報告する

③　福利厚生予算の年度が経過したときは、支出実績を組合に報告する

とすることが考えられます。

3　労使協定例

〇〇年〇〇月〇〇日

〇〇株式会社取締役社長〇〇〇〇

〇〇労働組合執行委員長〇〇〇〇

週休３日制実施に伴う福利厚生予算の保障に関する労使協定

〇〇株式会社（以下、「会社」という。）と〇〇労働組合（以下、「組合」という。）とは、週休３日制の実施に伴う福利厚生予算の保障について、次のとおり協定する。

1　福利厚生予算の保障

会社は、週休３日制への移行後も、福利厚生予算については移行前の規模を保障する。

2　組合への報告

会社は、毎年度、福利厚生予算を決定したときは、組合に報告する。予算年度が経過したときは、支出実績を報告する。

この協定の有効期間は、〇〇年〇〇月〇〇日から１年とする。ただし、会社または組合のいずれかが有効期間満了の２ヶ月前までに異議を唱えないときは、さらに１年有効とし、以後も同様とする。

以上

第７節

年休の計画的付与制度の継続の労使協定

１　労使協定の趣旨

年休（年次有給休暇）は、社員が請求した日に与えるのが原則です。しかし、社員の請求を待っていたのでは、年休の取得が進みません。「仕事が忙しい」「職場の同僚に迷惑を掛ける」などの理由で年休を取得しない者が多いからです。

年休の取得状況を改善する目的で、労働基準法は、労使協定の締結を条件として、年休の計画的付与を認めています。これは、あらかじめ日にちを指定して年休を付与するという制度です。

年休の付与の方法には、

・全社員いっせいに与える

・社員をいくつかのグループに分け、グループごとに与える

・個人別に与える

の３つがあります。

年休の計画的付与制度には、さまざまなメリットがあります。

週休３日制の下でこの制度を実施するかしないかは会社の自由ですが、現在実施している会社では、労働組合が継続的に実施することを要求してくることが予想されます。

図表　年休の計画的付与制度の効果

①　労使が合意して実施する制度なので、上司や同僚に気兼ねすることなく休める ②　職場の活性化を図れる ③　休暇制度を充実させることができる ④　年休の取得率を高められる

2　協定の内容

協定の内容は、

1　週休３日制移行後も、制度を実施する

2　制度の内容を変更するときは、あらかじめ組合と協議する

とするのがよいでしょう。

3　労使協定例

○○年○○月○○日

○○株式会社取締役社長○○○○

○○労働組合執行委員長○○○○

週休３日制実施に伴う年休計画的付与制度に関する労使協定

○○株式会社（以下、「会社」という。）と○○労働組合（以下、「組合」という。）とは、週休３日制の実施に伴う年休の計画的付与制度について、次のとおり協定する。

1　会社は、週休３日制移行後も、年休の計画的付与制度を継続する。

２　付与日数、付与の時期その他、制度の内容を変更するときは、あらかじめ組合と協議する。

この協定の有効期間は、〇〇年〇〇月〇〇日から１年とする。ただし、会社または組合のいずれかが有効期間満了の２ヶ月前までに異議を唱えないときは、さらに１年有効とし、以後も同様とする。

以上

第８節

週休３日制と年休の買上制度の労使協定

１　労使協定の趣旨

年休を１日○円という形で会社が買い上げるのは、結果的に年休を与えないことになるので労働基準法に違反します。しかし、時効となる年休や、退職して無効となる年休を買い上げることは、法違反にはなりません。年休は、有効期間中に使い切るのが理想です。しかし、実際には、使い残す人が多いのが実態です。社員の全員が有効期間中に年休を使い切るという会社や職場は少ないでしょう。

年休を使い残す理由は人によって異なりますが、最も多いのは「仕事が忙しいこと」です。忙しいために使い切れずに時効を迎えた年休を「有効期間が過ぎたから」という理由で無効とするのは人情味に欠ける取り扱いです。仕事が忙しいのは、会社の事情に拠るからです。

このような事情から、時効や退職で無効となる年休を１日につき○円という形で買い取っている会社があります。この場合、買い取り日数の上限を設けているのが一般的です。

年休の買上制度を実施している会社では、週休３日制に移行しても、労働組合から「継続して欲しい」という要望が出されることが予想されます。

２　協定の内容

協定の内容は、

１　週休３日制移行後も、制度を継続する

２　制度の内容を見直すときは、あらかじめ組合と協議するとするのがよいでしょう。

３　労使協定例

○○年○○月○○日
○○株式会社取締役社長○○○○
○○労働組合執行委員長○○○○

週休３日制実施に伴う年休の買上げ制度に関する労使協定

○○株式会社（以下、「会社」という。）と○○労働組合（以下、「組合」という。）とは、週休３日制の実施に伴う年休の買上げ制度について、次のとおり協定する。

１　会社は、週休３日制移行後も、時効・退職で無効となる年休の買上げ制度を継続する。
２　買い上げる日数の限度、買い上げる単価その他、制度の内容を変更するときは、あらかじめ組合と協議する。

この協定の有効期間は、○○年○○月○○日から１年とする。ただし、会社または組合のいずれかが有効期間満了の２ヶ月前までに異議を唱えないときは、さらに１年有効とし、以後も同様とする。

以上

第9節

週休3日制と特別休暇制度の労使協定

1　労使協定の趣旨

多くの会社が､年休とは別に会社独自の休暇制度を設けています。結婚や家族の葬儀などに与える慶弔休暇は、その代表です。

この他、年末年始休暇、夏季休暇、ボランティア休暇、リフレッシュ休暇、病気休暇、裁判員休暇なども、かなり広く実施されています。

週休3日制を契機として特別休暇の見直しが行われる可能性があります。しかし、特別休暇の見直しは、組合員と組合にとっては不利益です。このため、組合から特別休暇の存続の要求が出される可能性があります。組合からそのような要求が出されたときは、会社として誠実に対応すべきです。

2　協定の内容

協定の内容は、「週休3日制移行後も、特別休暇制度は実施する」とします。

3　労使協定例

〇〇年〇〇月〇〇日

〇〇株式会社取締役社長〇〇〇〇

〇〇労働組合執行委員長〇〇〇〇

週休3日制実施に伴う特別休暇制度の取り扱いに関する労使協定

〇〇株式会社（以下、「会社」という。）と〇〇労働組合（以下、「組合」という。）とは、週休３日制の実施に伴う特別休暇制度の取り扱いについて、次のとおり協定する。

週休３日制移行後においても、特別休暇制度は、これまでどおり実施する。

この協定の有効期間は、〇〇年〇〇月〇〇日から１年とする。ただし、会社または組合のいずれかが有効期間満了の２ヶ月前までに異議を唱えないときは、さらに１年有効とし、以後も同様とする。

以上

第10節
テレワークの休日勤務の労使協定

1　労使協定の趣旨

(1) テレワークの普及

2020年1月からの新型コロナウィルスの感染拡大以降、テレワーク（リモートワーク・在宅勤務）が広く拡大しました。それまでも、テレワークを実施している会社はありましたが、きわめて少数でした。しかし、新型コロナの感染拡大後は、政府や自治体の呼びかけもあり、会社の規模や業種を超えて実に幅広く実施されるようになりました。

テレワークの普及は、新型コロナの感染拡大の防止において一定の効果を上げたと評価できるでしょう。

(2) 5類移行後の会社の対応

2023年5月、新型コロナは、感染法上の格付けが2類から5類に変更になりました。

これに対する会社の対応は、

・テレワークを取りやめ、オフィスワークに回帰する

・テレワークを継続する

の2つに分かれました。

テレワークは、自宅において単独で業務を行うという性格上、「通勤時間をなくせる」「業務に集中できる」などのメリットもあれば、「社員の業務管理が難しくなる」などのデメリットもあります。メリットだけでもなければ、デメリットだけでもありません。メリットとデメリットが共存するからこそ、会社の対応が2つに分かれた

のでしょう。

(3) テレワークの時間管理上の問題

テレワークについては、かねてから、

・休日にも仕事をする

・時間外勤務や休日勤務の実績を会社に過少申告する

・役職者が休日の前夜や休日に、仕事の指示命令をする

・役職者が休日に仕事の進捗の状況を問い合わせる

などの問題のあることが指摘されていました。

(4) テレワークの休日管理の問題

会社として週休3日制の実施を決めたときは、当然のことながら、週休3日制はテレワークにも適用されます。週休3日制はオフィスワークにのみ適用し、テレワークはこれまでどおり週休2日制に留めるということはあり得ないことです。

これまでの事例を踏まえて考えると、週休3日制にした場合においても、図表に示すような問題が繰り返される可能性があります。

図表　週休3日制の問題

●休日にも仕事をする
●休日勤務の実績を会社に過少申告する
●休日に同僚と仕事の打ち合わせをする
●役職者が休日の直前に緊急の仕事を指示する
●役職者が休日の前に仕事の内容の変更を指示する
●役職者が休日に仕事の進み具合を問い合わせる
●その他

(5) 労働組合の要求

会社が週休3日制を実施するときは、テレワーク社員も週3日の休日を確保できるようにするべきです。

そこで、週休3日制の実施を決定したときに、労働組合からテレワーク社員の休日管理について要求が出される可能性があります。

労働組合から要求が出されたときは、会社として誠実に対応すべきです。

2　協定の内容

テレワークの休日管理については、先に指摘したような問題があることを考えると、労使協定の内容は次の図表に示すものとするのが合理的・現実的でしょう。

図表　テレワークの労使協定の内容

1　会社は、テレワークの社員に対して、次のことを周知徹底すること
（1）休日には勤務しないこと
（2）やむを得ない事情で休日に勤務するときは、あらかじめ会社に届け出ること
（3）休日に勤務したときは、その時間数を正確に申告すること
2　会社は、役職者に対して、次のことを周知徹底すること
（1）部下に対して、休日またはその直前に業務の指示命令をしないこと
（2）部下に対して、休日またはその直前に業務の進捗状況や結果を問い合わせないこと
（3）その他、部下に対して、やむを得ない場合を除き、休日勤務を誘導するようなことをしないこと
3　会社は、休日勤務の申告が正確に行われているかを適宜調査すること
4　会社は、調査の結果、申告が正確に行われていないことを確認したときは、正確に行うよう、指導すること

3　労使協定例

○○年○○月○○日
○○株式会社取締役社長○○○○
○○労働組合執行委員長○○○○

テレワークの休日勤務に関する労使協定

○○株式会社（以下、「会社」という。）と○○労働組合（以下、「組合」という。）とは、週休３日制の実施に伴うテレワークの休日勤務について、次のとおり協定する。

1　会社は、社員に対して次のことを周知徹底する。
（1）休日には、勤務しないこと
（2）やむを得ない事情によって勤務するときは、あらかじめ会社に届け出ること
（3）勤務時間数は、必要最小限に留めること
（4）勤務時間数を会社に正確に申告すること
2　会社は、役職者に対して次のことを周知徹底する。
（1）部下に対して、休日またはその直前に、業務の指示命令をしないこと
（2）部下に対して、休日またはその直前に、業務の進捗状況や結果を問い合わせないこと
（3）業務の量が過大にならないようにすること
（4）その他、部下に対して、休日の業務を誘導するようなことをしないこと
3　休日勤務の調査と指導
（1）会社は、社員が休日勤務の時間数を正確に申告しているかを

適宜調査する。

（2）調査の結果、正確さに欠けると認められるときは、正確に申告するよう、社員を指導する。

この協定の有効期間は、○○年○○月○○日から1年とする。ただし、会社または組合のいずれかが有効期間満了の2ヶ月前までに異議を唱えないときは、さらに1年有効とし、以後も同様とする。

以上

第11節

完全週休3日制への移行スケジュールの労使協定

1　労使協定の趣旨

週休３日制は、月１回か２回程度の週休３日制からスタートし、最終的に完全週休３日制（毎週週休３日制とするもの）に駒を進めていくのが現実的です。

はじめから完全週休３日制を採用すると、経営への影響が大きいといえます。しかし、段階的・計画的に週休日を増やしていくのであれば、経営・業績への影響はそれほど大きくはないでしょう。

月１回か、２回程度の週休３日制からスタートしたときは、労働組合も完全週休３日制に段階的に移行することを要求することでしょう。

2　協定の内容

完全週休３日制への移行スケジュールを協定します。

この場合、どの程度の期間で移行するかが大きなポイントとなります。一般的に、２、３年では、経営的に厳しいでしょう。反対に、10年、20年では、長すぎるでしょう。５～７年程度で移行するのが現実的でしょう。

スケジュールの例を示すと、次のとおりです。

○○年４月１日～　　月１回週休３日制
○○年４月１日～　　月２回週休３日制
○○年４月１日～　　月３回週休３日制
○○年４月１日～　　完全週休３日制

3　労使協定例

○○年○○月○○日
○○株式会社取締役社長○○○○
○○労働組合執行委員長○○○○

完全週休3日制への移行に関する労使協定

○○株式会社（以下、「会社」という。）と○○労働組合（以下、「組合」という。）とは、完全週休3日制への移行について、次のとおり協定する。

1　次のスケジュールにより、完全週休3日制に移行する。

○○年4月1日～　　月1回週休3日制
○○年4月1日～　　月2回週休3日制
○○年4月1日～　　月3回週休3日制
○○年4月1日～　　完全週休3日制

2　経営環境が大きく変化したときは、スケジュールを変更するものとする。

この協定の有効期間は、○○年○○月○○日から1年とする。ただし、会社または組合のいずれかが有効期間満了の2ヶ月前までに異議を唱えないときは、さらに1年有効とし、以後も同様とする。

以上

第12節
通年週休3日制への移行の労使協定

1　労使協定の趣旨

経営への影響を最小限に留めるという観点からすると、夏季または閑散期から週休3日制をスタートさせ、段階的・計画的に実施期間を拡大していくという選択もあります。現実的な対応といえます。

この場合には、通年週休3日制への移行スケジュールについて、労使で合意しておくことが望ましいといえます。

2　協定の内容

通年週休3日制への移行スケジュールを具体的に協定します。例えば、次のとおりです。

○○年4月1日〜　7、8、9月を週休3日制とする
○○年4月1日〜　1、2、7、8、9月を週休3日制とする
○○年4月1日〜　1、2、4、5、6、7、8、9月を週休3日制とする
○○年4月1日〜　通年週休3日制

3　労使協定例

○○年○○月○○日
○○株式会社取締役社長○○○○
○○労働組合執行委員長○○○○

通年週休3日制への移行に関する労使協定

○○株式会社（以下、「会社」という。）と○○労働組合（以下、「組合」という。）とは、通年週休3日制への移行について、次のとおり協定する。

1　次のスケジュールにより、通年週休3日制に移行する。

○○年4月1日～　　7、8、9月を週休3日制とする

○○年4月1日～　　1、2、7、8、9月を週休3日制とする

○○年4月1日～　　1、2、4、5、6、7、8、9月を週休3日制とする

○○年4月1日～　　通年週休3日制

2　経営環境が大きく変化したときは、スケジュールを変更する。

この協定の有効期間は、○○年○○月○○日から1年とする。ただし、会社または組合のいずれかが有効期間満了の2ヶ月前までに異議を唱えないときは、さらに1年有効とし、以後も同様とする。

以上

第13節

8時間勤務制への移行の労使協定

1　労使協定の趣旨

周知のように労働基準法は、週の労働時間の上限を40時間と定めています。そこで、1日の労働時間を8時間から10時間に延長して週休3日制に移行することが考えられます。

1日の労働時間を10時間に延長した会社では、労働時間を段階的・計画的に短縮していくことが望ましいといえます。労働組合も、10時間労働から8時間労働への回帰を要求することでしょう。

2　協定の内容

一定の期間をかけて段階的に1日8時間勤務に回帰することとし、そのスケジュールを具体的に協定します。例えば、次のとおりです。

○○年4月1日～　　1日10時間から9時間30分に短縮
○○年4月1日～　　1日9時間30分から9時間に短縮
○○年4月1日～　　1日9時間から8時間30分に短縮
○○年4月1日～　　1日8時間30分から8時間に短縮

3　労使協定例

○○年○○月○○日

○○株式会社取締役社長○○○○

○○労働組合執行委員長○○○○

8時間勤務への移行に関する労使協定

○○株式会社（以下、「会社」という。）と○○労働組合（以下、「組合」という。）とは、8時間勤務への移行について、次のとおり協定する。

1　次のスケジュールにより、8時間勤務に移行する。
　○○年4月1日～　　1日10時間から9時間30分に短縮
　○○年4月1日～　　1日9時間30分から9時間に短縮
　○○年4月1日～　　1日9時間から8時間30分に短縮
　○○年4月1日～　　1日8時間30分から8時間に短縮
2　経営環境が大きく変化したときは、スケジュールを変更する。

この協定の有効期間は、○○年○○月○○日から1年とする。ただし、会社または組合のいずれかが有効期間満了の2ヶ月前までに異議を唱えないときは、さらに1年有効とし、以後も同様とする。

以上

第14節

選択型週休３日制の労使協定

1　労使協定の趣旨

勤務形態について、
○１日８時間・週５日勤務（週休２日制）
○１日10時間・週４日勤務（週休３日制）
という２つを用意し、いずれかを社員各人に選択させる制度を選択型週休３日制といいます。

選択型週休３日制については、２つの勤務形態を対等に取り扱うことが必要です。会社がどちらか一方を奨励したり、誘導したりするのでは、制度の意味がないからです。公正な運用について、労働組合から要求されることが予想されます。

2　協定の内容

協定の内容は、
・どちらの勤務形態を選択するかは、社員の自由な判断に委ねること
・いずれかを選択したかを理由として、給与や処遇の面において、有利、あるいは不利に取り扱わないこと
とするのがよいでしょう。

3　労使協定例

○○年○○月○○日

○○株式会社取締役社長○○○○

○○労働組合執行委員長○○○○

選択型週休３日制の運用に関する労使協定

○○株式会社（以下、「会社」という。）と○○労働組合（以下、「組合」という。）とは、選択型週休３日制の運用について、次のとおり協定する。

1　勤務形態の選択については社員の自由に委ね、会社は干渉しない。
2　会社は、社員がいずれかの勤務形態を選択したことを理由として、昇給その他の処遇において、有利あるいは不利な取り扱いをしない。

この協定の有効期間は、○○年○○月○○日から１年とする。ただし、会社または組合のいずれかが有効期間満了の２ヶ月前までに異議を唱えないときは、さらに１年有効とし、以後も同様とする。

以上

第15節

休日増の労使協定

1　労使協定の趣旨

休日には、週休日のほかに、夏季特別休日、年末休日などがあります。国民の祝日を休日としている会社も多くみられます。

週休日を増やすことはもちろんのこと、週休日以外の休日を増加させることも、労働条件の向上です。

また、社員の中には、「週休日は２日で十分だ。それよりも夏季休日その他の休日を増やして欲しい」という者もいるでしょう。

このため、労働組合から、段階的・計画的に休日を増加させることを要求されることがあります。

週休日以外の休日が少ない会社は、その増加に取り組むことが望ましいといえます。

2　協定の内容

休日を一度に何日も増やすと、経営に支障が生じる可能性が大きいといえます。また、業績が落ち込んだときに、休日を出勤日に戻すのは、理論的には可能であっても、実際問題としては相当に困難です。

休日の増加は、段階的・計画的に進めるのが賢明です。

達成すべき目標日数を「年間○日」というように具体的に設定し、それに向けてのスケジュールを協定するのがよいでしょう。例えば、次のとおりです。

○○年１月１日～　　15日（週休日を除く）

○○年1月1日～　　17日
○○年1月1日～　　19日
○○年1月1日～　　21日
○○年1月1日～　　23日

3　労使協定例

○○年○○月○○日
○○株式会社取締役社長○○○○
○○労働組合執行委員長○○○○

週休日以外の休日増加に関する労使協定

○○株式会社（以下、「会社」という。）と○○労働組合（以下、「組合」という。）とは、週休日以外の休日増加について、次のとおり協定する。

1　週休日以外の休日を次のスケジュールにより増加させる。
○○年1月1日～　　15日（週休日を除く）
○○年1月1日～　　17日
○○年1月1日～　　19日
○○年1月1日～　　21日
○○年1月1日～　　23日
2　経営環境が大きく変化したときは、スケジュールを変更する。

この協定の有効期間は、○○年○○月○○日から1年とする。ただし、会社または組合のいずれかが有効期間満了の2ヶ月前までに異議を唱えないときは、さらに1年有効とし、以後も同様とする。

以上

第16節

年間所定勤務時間の短縮の労使協定

1　労使協定の趣旨

就業規則においては、１日の所定勤務時間が定められています。しかし、年間の所定勤務時間を定めている会社はきわめて少ないといわれます。

年間所定勤務時間は、社員が１年間に勤務すべき時間です。このため、１日や１週の所定勤務時間と並んで重要な労働条件です。

年間所定勤務時間は、一般に、次の算定式で算出されます。

年間所定勤務時間＝１日の所定勤務時間×（365日－年間所定休日日数）

例えば、１日の所定勤務時間が８時間、年間の所定休日日数が120日の場合、年間所定勤務時間は、次のようになります。

８時間×（365日－120日）＝1,960時間

年間所定勤務時間を短縮する方法は、

・１日の所定勤務時間の短縮

・所定休日の増加

です。

労働組合から、労働条件の向上を目指して、年間所定勤務時間の短縮を要求されることがあります。

2　協定の内容

年間の所定勤務時間を一挙に短縮すると、売上や受注金額の減少など、経営に大きな支障が生じる可能性があります。このため、業

務内容の見直しや生産性向上対策などを講じつつ、段階的・計画的に進めるのが賢明です。

あらかじめ、達成目標の時間数を「年間○○時間」と定めたうえで、その目標の達成に向けて一定の期間をかけて所定勤務時間を短縮していくこととし、スケジュールを協定します。例えば、次のとおりです。

○○年1月1日～　　○○時間
○○年1月1日～　　○○時間
○○年1月1日～　　○○時間
○○年1月1日～　　○○時間

3　労使協定例

○○年○○月○○日
○○株式会社取締役社長○○○○
○○労働組合執行委員長○○○○

年間所定勤務時間の短縮に関する労使協定

○○株式会社（以下、「会社」という。）と○○労働組合（以下、「組合」という。）とは、年間の所定勤務時間の短縮について、次のとおり協定する。

1　年間所定勤務時間を次のスケジュールにより短縮する。
○○年1月1日～　　○○時間
○○年1月1日～　　○○時間
○○年1月1日～　　○○時間
○○年1月1日～　　○○時間
2　経営環境が大きく変化したときは、スケジュールを変更する。

この協定の有効期間は、○○年○○月○○日から１年とする。ただし、会社または組合のいずれかが有効期間満了の２ヶ月前までに異議を唱えないときは、さらに１年有効とし、以後も同様とする。

以上

第17節

週休３日制と業務の合理化の労使協定

1　労使協定の趣旨

会社は、常に厳しい環境の中に置かれています。他社との競争は、常に激しいものです。このような状況の中で生き残るためには、絶えず業務の合理化を図ることが必要です。会社の業務全般にわたる合理化と生産性向上の必要性・重要性は、どれほど強調しても、強調しすぎることはありません。

週休３日制の場合には、所定勤務日数が少なくなるわけですから、これまで以上に業務の合理化と生産性の向上に取り組むことが必要です。

どのような業種であっても、業務の合理化には社員と労働組合の理解と協力が必要です。そこで、業務の合理化について、協定を結びます。

2　協定の内容

業務の合理化のために講ずる予定の方策を協定します。例えば、図表に示すような施策を定めます。

図表　業務の合理化策

- 業務全般の見直し（経営上の必要性、コスト、経営上の効果）
- 必要性の薄い業務の中止
- 一部業務の外注（勤務形態が特殊な業務等）
- 業務全般のデジタル化
- 古い設備の更新
- 経営情報の共有化、データベース化
- 派遣社員の活用（勤務形態が特殊な業務、発生頻度が少ない業務等）
- パートタイマーの活用（定型的・補助的な業務）
- その他

3　労使協定例

○○年○○月○○日
○○株式会社取締役社長○○○○
○○労働組合執行委員長○○○○

週休３日制実施に伴う業務の合理化策に関する労使協定

○○株式会社（以下、「会社」という。）と○○労働組合（以下、「組合」という。）とは、週休３日制の実施に伴う業務の合理化策について、次のとおり協定する。

1　会社は、週休３日制の実施に伴い、次の業務合理化策を講ずる。
（１）会社業務全般の見直し（経営上の必要性、コスト、経営上の効果）
（２）必要性の薄い業務の中止

（3）一部業務の外注（勤務形態が特殊な業務等）
（4）一部業務の子会社への移管
（5）子会社の再編
（6）業務全般のデジタル化
（7）古い設備の更新
（8）経営情報の共有化、データベース化
（9）派遣社員の活用（勤務形態が特殊な業務、発生頻度が少ない業務等）
（10）パートタイマーの活用（定型的・補助的な業務）
（11）プロジェクトチーム制の活用
（12）各種会議の簡素化、スリム化
（13）会議のオンライン化
（14）働き方改革の推進
（15）その他

2　会社は、業務の合理化を理由として、人員の削減は行わない。
3　組合は、業務の合理化に全面的に協力する。

この協定の有効期間は、○○年○○月○○日から1年とする。ただし、会社または組合のいずれかが有効期間満了の2ヶ月前までに異議を唱えないときは、さらに1年有効とし、以後も同様とする。

以上

第18節
週休３日制と経費節減の労使協定

1　労使協定の趣旨

会社の経営を進めていくには、さまざまな経費が必要です。経営の要諦は、支出すべき経費は支出し、節減できるものは節減することであるといえます。

週休３日制の下では、所定勤務日数が少なくなり、収入が減少する可能性があります。このため、会社と組合が一体となって経費の節減に努める必要があります。

2　協定の内容

節減の対象とする費目を協定します。一般的には、図表に示す費目を対象とするのが適切でしょう。

図表　節減の対象費目

・光熱費
・水道費
・交通費（出張旅費、通勤手当を除く）
・文具費
・会議費
・その他

３　労使協定例

○○年○○月○○日
○○株式会社取締役社長○○○○
○○労働組合執行委員長○○○○

週休３日制実施に伴う経費節減に関する労使協定

○○株式会社（以下、「会社」という。）と○○労働組合（以下、「組合」という。）とは、週休３日制の実施に伴う経費の節減について、次のとおり協定する。

１　経費の節減
会社は、次の経費の節減に努める。
（１）光熱費
（２）水道費
（３）交通費（出張旅費、通勤手当を除く）
（４）文具費
（５）会議費
（６）その他
２　組合の協力
組合は、会社の経費節減に積極的に協力する。

この協定の有効期間は、○○年○○月○○日から１年とする。ただし、会社または組合のいずれかが有効期間満了の２ヶ月前までに異議を唱えないときは、さらに１年有効とし、以後も同様とする。

以上

第7章

週休3日制と勤務形態

第1節
勤務形態の見直し

1　全社員一律型の勤務形態

週休2日制から週休3日制に移行すると、それだけ勤務日数が少なくなります。少なくなった勤務日数でこれまでと同じ量の仕事をするためには、勤務時間を少しでも効率的に活用することが必要です。

現在の勤務形態を見ると、多くの会社は、例えば「始業9時、終業6時」というように1つの勤務形態を定め、それを全社員に適用しています。全社員一律の勤務形態は、

・社員の時間管理が容易である
・社員の業務管理（仕事の指示命令や仕事の進み具合の管理）が容易である
・職場の一体感を形成できる

などのメリットがあります。

2　全社員一律型の勤務形態の問題点

もしも仕事の忙しい時間帯や曜日が全社員同じであれば、このような勤務形態が合理的です。

しかし、忙しい時間帯が社員によって異なることもあります。社員によっては、午前中はあまり仕事がなく、午後から忙しくなる人もいます。このように、忙しい時間帯が他の社員とは異なる人がいる場合には、全社員一律型の勤務形態は合理的ではありません。一人ひとりの仕事の忙しさに合わせて勤務時間を決める方が合理的です。

また、社員の中には、

・自分で勤務時間を決めたい
・できればマイペースで働きたい
・午後から働きたい

などと考えている人がいます。働き方についての考えは、多様化・個性化する傾向にあります。

しかし、全社員一律型の勤務形態は、働き方の多様化・個性化に対応することはできません。

3　柔軟な勤務形態への移行

週休3日制の下では、勤務時間は限られています。このため、全社員一律型の勤務形態を採用している会社は、それ以外の柔軟な勤務形態への移行を検討するのがよいでしょう。

全社員一律型以外の勤務形態が必要となる理由としては、図表に示すものがあります。

図表　柔軟な勤務形態への移行の必要性

① 週休3日制により、勤務日数・勤務時間数が少なくなること
② 働き方についての考えが多様化・個性化していること
③ 担当者の裁量性の大きい業務が増加していること
④ 人件費が高くなっているため、少しでも有効に勤務時間を活用する必要性があること
⑤ その他

第２節

変形労働時間制

１　変形労働時間制とは

これは、１年以内の一定期間を平均して週の労働時間が40時間を超えなければ、

・１日の労働時間が８時間を超えてもよい

・１週の労働時間が40時間を超えてもよい

という柔軟な制度です。古くから労働基準法で認められている制度です。

変形労働時間制には、

・１週変形労働時間制

・１ヶ月変形労働時間制

・１年変形労働時間制

などがあります。理論的には、２週変形労働時間制、３週変形労働時間制、２ヶ月変形労働時間制、３ヶ月変形労働時間制なども考えられますが、区切りがよくないため、あまり採用されていないように思われます。

図表　主な変形労働時間制の内容

１週変形労働時間制	①対象期間は１週間 ②１日の労働時間に制限なし ③１週の労働時間は40時間
１ヶ月変形労働時間制	①対象期間は１ヶ月 ②１日の労働時間は制限なし

	③１週の労働時間は制限なし
１年変形労働時間制	①対象期間は１年 ②１日の労働時間は10時間以内 ③１週の労働時間は52時間以内 ④労使協定を締結し、これを労働基準監督署に届け出ることが必要

2　労働時間の総枠

変形労働時間制は、変形期間を平均して週の労働時間を40時間以内にすることが実施条件です。このため、変形期間中の労働時間に枠が設けられています。労働時間の総枠は、次のように計算されます。

変形期間の総労働時間＝40時間×変形期間の総日数/７

例えば、１ヶ月の日数が30日の月の総労働時間は、次のようになります。

（総労働時間）40×30/7＝171.4

3　1ヶ月変形労働時間制のメリット

変形労働時間制の代表ともいえる１ヶ月変形労働時間制のメリットを示すと、図表のとおりです。

図表　１ヶ月変形労働時間制のメリット

①　変形期間の長さ（１ヶ月）が経営の実態に合致している
②　１日の労働時間、１週の労働時間の長さについて上限が設けられていない
③　会社の裁量で自由に設計できる
④　上手に１日の労働時間を決めることにより、時間外勤務（残業）を短縮できる
⑤　労使協定の締結と労働基準監督署への届出を必要としない

第３節
時差勤務制

1　勤務形態の数

これは、一定の間隔を設けていくつかの勤務時間帯を決めるというものです。

時間の間隔を20分、30分というように短くすれば相当数の種類の勤務時間を決めることができます。しかし、勤務時間の数を増やすと、社員の時間管理が煩雑となります。一般的にみて、勤務時間の数は２～４種類程度とするのが現実的でしょう。

図表　時差勤務の例

２種類	３種類	４種類
・午前８時～午後５時 ・午前10時～午後７時	・午前８時～午後５時 ・午前10時～午後７時 ・午後１時～午後10時	・午前８時～午後５時 ・午前９時～午後６時 ・午前10時～午後７時 ・午後１時～午後10時

（注）いずれも途中１時間の休憩

2　時差勤務制のメリット

時差勤務制は、決して新しい制度ではありません。小売業などでは、一定の営業時間を確保し、顧客に対応するために古くから採用されています。

このように新しい勤務形態ではありませんが、週休３日制へ移行するときはあらためて採用の是非を検討するとよいでしょう。

時差勤務制のメリットは、図表のとおりです。

図表　時差勤務制のメリット

①　営業時間、稼働時間を延長できる ②　会社の裁量で、自由に勤務時間の種類と勤務時間帯を決めることができる ③　上手に勤務時間の種類を決めることにより、時間外勤務を短縮できる ④　その他

第４節

セレクティブタイム制

１　セレクティブタイム制とは

社員の勤務時間についての考えは多様です。「朝早くから働き、早く帰宅したい」という者もいれば、「できるだけのんびり出勤したい」と考えている社員もいます。

一方、会社には、社員の勤務時間管理はできる限り簡素化したいという希望があります。

このような事情に対応する勤務時間制度がセレクティブタイム制（勤務時間選択制度）です。これは、図表に示すようないくつかの勤務時間の種類を定め、社員に自由に選択させるというものです。

図表　勤務時間の種類

２種類	３種類	４種類
・午前８時～午後５時 ・午前10時～午後７時	・午前８時～午後５時 ・午前10時～午後７時 ・午後１時～午後10時	・午前８時～午後５時 ・午前９時～午後６時 ・午前10時～午後７時 ・午後１時～午後10時

（注）いずれも途中１時間の休憩

２　勤務時間の選択期間

勤務時間の選択期間については、実務的に、

・特に定めない（一度選択した勤務時間をいつでも自由に変更することができる）
・一定の期間を設ける（その期間が経過したときは、勤務時間をまた選択する）

があります。

勤務時間管理を適切に行うという観点から判断すると、一定の選択期間を設けるのがよいでしょう。

この場合、選択期間としては、

・１ヶ月とする
・３ヶ月とする
・６ヶ月とする
・１年とする

などが考えられます。

3　セレクティブタイム制のメリット

この制度には、図表に示すようなメリットがあります。

図表　セレクティブタイム制のメリット

①	社員の多様な希望に対応できる
②	会社による勤務時間管理が比較的容易である
③	時間外勤務の短縮が期待できる

4　社内規程例

セレクティブタイム規程

（総則）

第１条　この規程は、セレクティブタイム制について定める。

（適用対象者）

第２条　この規程は、次に掲げる者を除く社員に適用する。
（１）課長以上の役職者
（２）総務部所属の者

（勤務時間）

第３条　社員は、次のいずれかの勤務を選択して勤務するものとする。
Ａ勤務　午前８時～午後５時（休憩１時間）
Ｂ勤務　午前10時～午後７時（休憩１時間）
Ｃ勤務　午後１時～午後10時（休憩１時間）

（選択期間）

第４条　勤務時間の選択は、下記の期間ごとに行う。
４月１日～９月30日
10月１日～３月31日
２　期間の途中における勤務時間の変更は認めない。
３　勤務時間を選択したときは、これを会社に届け出るものとする。

（時間外勤務の取り扱い）

第５条　各勤務ともに８時間を超えて勤務した時間を時間外勤務として取り扱う。

（黒板への書き出し）

第６条　課ごとに課員の勤務時間を黒板に書き出し、業務に支障が生じないようにするものとする。

（付則）この規程は、〇年〇月〇日から施行する。

第５節
フレックスタイム制

1　フレックスタイム制の特徴

普通の場合は、会社が始業時刻と終業時刻を決めて社員を勤務させます。社員は、会社が決めた時間を守って勤務する義務があります。

これに対して、フレックスタイム制は、社員自身に始業時刻と終業時刻を決めさせるというきわめて柔軟な制度です。

フレックスタイムは、働き方改革にふさわしい制度と言えるでしょう。

図表　フレックスタイム制のメリット

①　社員の自主性・主体性を尊重する制度なので、勤労意欲の向上を図れる
②　勤務時間を効果的に活用することにより、業務の効率化を図れる
③　時間外勤務の短縮を期待できる
④　勤務時間の決定を社員に委ねるので、時間意識を高められる

2　制度の設計

（1）対象者

フレックスタイムは、社員が自分で勤務時間を決めて仕事をするという制度です。このため、制度適用にふさわしい社員とそうでない社員とがいます。

一般的に、制度の適用が適しているのは、独立性の高い業務を自己の判断と裁量で遂行する社員です。具体的には、事務部門、企画部門、研究部門、営業部門等の部門に所属する総合職の社員です。補助的な業務、定型的な業務を担当する社員には、適していません。

なお、役職者と総務部門の社員は対象外とするのが現実的でしょう。

（2）勤務時間の清算期間

勤務時間の清算期間を決めます。

勤務時間の清算期間は、労働基準法によって3ヶ月以内とされています。

・正社員については、月給制が広く採用されていること
・ビジネスの世界では、1ヶ月を単位として予定や計画を立てることが多いこと
・清算期間を長くすると、時間管理が難しくなること

などを考えると、清算期間は1ヶ月とするのが適切です。

この場合、1ヶ月の初日と最終日は、給与の計算期間に合わせるのが合理的です。仮に給与の計算期間が「21日～翌月20日」であれば、清算期間もそれと同じにします。

（3）標準勤務時間

標準勤務時間は、社員が、

・年休を取得したとき
・社外で業務に従事して、勤務時間を算定できないとき

などに使用する時間です。

所定勤務時間が8時間の会社は、標準勤務時間も8時間とします。

（4）清算期間の所定勤務時間

清算期間の所定勤務時間は、次の算式で算定します。

清算期間の所定勤務時間＝標準勤務時間×清算期間の所定勤務日数

例えば、標準勤務時間が8時間であれば、所定勤務日数が29日の

月の所定勤務時間は、次のようになります。

（所定勤務時間）８時間×20日＝160時間

（５）コアタイム

コアタイムは、全員が勤務すべき時間です。コアタイムを設けるか設けないかは会社の自由ですが、

・社員への業務命令や情報伝達その他を効率的に行う

・職場の一体感を維持する

という観点から判断すると、例えば「午前10時～午後３時」というようにコアタイムを設定するのがよいでしょう。

（６）欠勤・遅刻・早退

コアタイムを設定したときは、欠勤等はコアタイムを基準として行われます。

図表　欠勤・遅刻等の取り扱い

・コアタイムに勤務しなかったとき➡欠勤
・コアタイムに遅れたとき➡遅刻
・コアタイムの終了前に退社したとき➡早退

（７）フレキシブルタイム

フレキシブルタイムは、出勤（始業）と退勤（終業）の時間です。

交通の便等を考慮して、

・出勤（始業）時間帯　　午前８時～10時

・退勤（終業）時間帯　　午後３時～８時

というように決めます。

社員は、出勤時間帯の任意の時刻から仕事を開始し、退勤時間帯の任意の時刻に仕事を終えることになります。

（８）勤務時間の過不足の取り扱い

会社の立場からすると、社員全員が所定勤務時間だけ働いて、自

分の担当業務を完全に仕上げてくれることが理想です。しかし、実際には、さまざまな事情で勤務時間と所定勤務時間との間に過不足が生じます。実際の勤務時間が所定勤務時間を20時間、30時間超過する社員もいれば、10時間、20時間不足する社員もいます。

実際の勤務時間と所定勤務時間との過不足は、図表に示すように取り扱います。

図表　勤務時間の過不足の取り扱い

勤務時間が所定勤務時間を超過したとき	勤務時間が所定勤務時間に不足したとき
超過した時間を時間外勤務として取り扱い、時間外勤務手当を支払う。	次のいずれかを採用する。 ・不足時間に相応する給与を控除する ・不足時間のうち、一定時間を超える部分について、給与を控除する ・不足時間をすべて次の清算期間に繰り越す

（9）休日勤務等の取り扱い

勤務時間の決定を完全に社員の自由に委ねると、休日などに勤務する者が出たりして、勤務時間が長くなる可能性があります。しかし、長時間勤務は好ましくありません。

長時間勤務を抑制するため、次の勤務については、会社への届出制、または会社による許可制とするのがよいでしょう。

・休日勤務
・始業時刻前、または終業時刻後の勤務

（10）勤務時間の記録

社員に対して、勤務時間を毎日正しく記録し、これを毎月会社に提出することを求めます。

（11）フレックスタイム制の適用解除

社員が次のいずれかに該当するときは、フレックスタイム制の適用を解除し、通常勤務への復帰を命令するものとします。

①業務の能率が良くなく、しばしば業務目標を達成できないとき
②会社への業務報告が適切でなく、しばしば業務に支障を与えたとき
③合理的な理由がないにもかかわらず、勤務時間と所定勤務時間との間に相当の過不足を発生させたとき
④欠勤、遅刻または早退を繰り返したとき
⑤勤務時間の報告が適切でなかったとき
⑥その他フレックスタイム制の適用に問題のあるとき

3　社内規程例

フレックスタイム規程

（総則）

第１条　この規程は、フレックスタイムについて定める。

（適用対象者）

第２条　フレックスタイム制は、次の部門に所属する総合職の社員に適用する。

事務部門（総務部を除く）／企画部門／営業部門／研究開発部門

（適用社員の心得）

第３条　フレックスタイム制を適用される社員（以下、単に「社員」という）は、次の事項に留意して業務を遂行しなければならない。

（１）勤務時間を有効に活用して業務を効率的に遂行すること
（２）会社から課せられた業務目標を責任を持って達成すること

（3）業務の遂行状況および結果を会社に適宜適切に報告すること
（4）業務の効率化と質の向上に創意工夫を図ること
（5）常に自己啓発に努めること

（勤務時間の清算期間）

第4条　勤務時間の清算期間は、21日から翌月20日までの1ヶ月とする。

（標準勤務時間）

第5条　1日の標準勤務時間は、8時間とする。

2　社員が次の事項に該当するときは、標準勤務時間勤務したものとみなす。

（1）年次有給休暇その他の有給休暇を取得したとき
（2）社外で業務に従事し、勤務時間を算定し難いとき

（清算期間の所定勤務時間）

第6条　清算期間の所定勤務時間は、次のとおりとする。

清算期間の所定勤務時間＝8時間×清算期間の所定勤務日数

（コアタイム）

第7条　コアタイムは、次のとおりとする。

（コアタイム）午前10時～午後3時（正午から1時間休憩）

2　社員は、コアタイムには勤務していなければならない。

3　コアタイムに勤務しなかったときは、欠勤とする。

4　コアタイムの開始時刻から遅れて始業したときは遅刻、コアタイムの終了時刻の前に終業したときは早退とする。

（フレキシブルタイム）

第8条　フレキシブルタイムは、次のとおりとする。

（1）出勤時間帯　　午前8時から10時
（2）退勤時間帯　　午後3時から8時

（休日勤務等）

第9条　次の場合には、あらかじめ会社に届け出なければならない。

（１）休日に勤務するとき
（２）フレキシブルタイムの前後に勤務するとき

（勤務時間の過不足の取り扱い）

第10条　清算期間の勤務時間が所定勤務時間を超過したときは、超過した時間を時間外勤務として取り扱う。

２　勤務時間が所定勤務時間に不足したときは、不足した時間を次の清算期間に繰り越すものとする。ただし、20時間を超える部分については、それに相応する給与を控除する。

（勤務時間の記録）

第11条　社員は、勤務時間を日々正しく記録し、これを清算期間終了後５日以内に会社に提出しなければならない。

（勤務時間の指定）

第12条　会社は、業務上必要であるときは、フレックスタイム制の適用を一時的に停止し、特定時刻から特定時刻までの勤務を命令することがある。

（フレックスタイム制の適用解除）

第13条　社員が次のいずれかに該当するときは、フレックスタイム制の適用を解除し、通常勤務への復帰を命令することがある。

（１）業務の能率が良くなく、しばしば業務目標を達成できないとき
（２）会社への業務報告が適切でなく、しばしば業務に支障を与えたとき
（３）合理的な理由がないにもかかわらず、勤務時間と所定勤務時間との間に相当の過不足を発生させたとき
（４）欠勤、遅刻または早退を繰り返したとき
（５）勤務時間の報告がしばしば適切でなかったとき
（６）その他フレックスタイム制の適用に問題のあるとき

（付則）この規程は、○年○月○日から施行する。

第6節

フリータイム制

1　制度の趣旨

フレックスタイム制を実施する場合、コアタイムを設けるかどうかが1つのポイントになります。多くの会社は、

・社員への仕事の指示や上司への仕事の報告、会議の開催などを効率的に行う

・職場の一体感を維持する

などの目的で、コアタイムを設けています。

これに対して、コアタイムを設けないという選択もあります。コアタイムを設けないフレックスタイム制を「フリータイム制」といいます。フレックスタイムの先進的な形態であることから、「スーパーフレックスタイム制」と呼んでいる人もいます。

図表　フリータイム制の効果

①　勤務時間について社員の自由度がきわめて高いので、勤労意欲の向上が期待できる

②　時間意識の向上が期待できる

③　仕事の成果に応じて給与や昇進・昇格を決める成果主義人事制度を推進することができる

④　働き方改革を推進できる

2　制度の内容

（1）制度の対象者

フリータイムは、勤務時間について社員の自由度がきわめて高い制度です。このため、業務遂行の手段・方法の選択や時間配分の決定等について会社の指示命令の及ばない、専門職や研究職（エンジニア）に適しています。

（2）社員の心得

会社の成長発展、業績の向上において、専門職と研究職が果たす役割にはきわめて大きいものがあります。専門職と研究職の活躍がなければ会社は中期的・長期的に成長していくことが期待できません。

専門職・研究職が持つべき心得を明確にしておきます。

図表　専門職・研究職の業務心得

①	職務上の役割と責任を意識して業務を遂行すること
②	あらかじめ1週または1ヶ月の業務計画を立てて業務を遂行すること
③	勤務時間を有効に活用して業務を効率的に遂行すること
④	会社から課せられた業務目標を責任を持って達成すること
⑤	業務の遂行状況および結果を会社に適宜適切に報告すること
⑥	業務の効率化と質の向上に創意工夫を図ること
⑦	常に自己啓発に努めること

（3）勤務時間の清算期間

勤務時間の清算期間は1ヶ月とします。

（4）標準勤務時間

標準勤務時間を決めます。社員が次に該当するときは、標準勤務時間勤務したものとみなします。

・年休その他の有給休暇を取得したとき
・社外で業務に従事し、勤務時間を算定できないとき

所定勤務時間が8時間の会社は、標準勤務時間も8時間とします。

（5）清算期間の所定勤務時間

清算期間の所定勤務時間は、次の算式で算定します。

清算期間の所定勤務時間＝標準勤務時間×清算期間の所定勤務日数

例えば、標準勤務時間が8時間であれば、所定勤務日数が20日の月の所定勤務時間が、次のようになります。

（所定勤務時間）8時間×20日＝160時間

（6）勤務時間帯

社員が勤務する時間帯を決めます。例えば、「午前8時～午後9時」というように決めます。

社員は、勤務時間帯の任意の時刻から仕事を開始し、任意の時刻に仕事を終えることになります。

（7）勤務時間の過不足の取り扱い

会社の立場からすると、社員全員が所定勤務時間だけ働いて、自分の担当業務を完全に仕上げてくれることが理想です。しかし、実際には、さまざまな事情で勤務時間と所定勤務時間との間に過不足が生じます。

実際の勤務時間と所定勤務時間との過不足は、図表に示すように取り扱います。

図表　勤務時間の過不足の取り扱い

勤務時間が所定勤務時間を超過したとき	勤務時間が所定勤務時間に不足したとき
超過した時間を時間外勤務と	次のいずれかを採用する。

して取り扱い、時間外勤務手当を支払う。	・不足時間に相応する給与を控除する ・不足した時間のうち、一定時間は次の清算期間に繰り越し、それを超える部分については給与を控除する ・すべて次の清算期間に繰り越す

（8）休日勤務等の取り扱い

勤務時間の決定を完全に社員の自由に委ねると、休日などに勤務する者が出たりして、勤務時間が長くなる可能性があります。しかし、長時間勤務は好ましくありません。

長時間勤務を抑制するため、次の勤務については、会社への届出制、または会社による許可制とするのがよいでしょう。

・休日勤務
・勤務時間帯の前後の勤務

（9）勤務時間の記録

社員に対して、勤務時間を毎日正しく記録し、これを毎月会社に提出することを求めます。

（10）みなし労働時間制の適用

①　労働基準法の定め

専門職と研究職の業務は、高度の専門的な知識を必要とする知的な業務です。このため、業務遂行の手段・方法の選択や時間配分などについて会社が指示をだすことは困難です。

このような業務の性格に配慮して、労働基準法は、労使協定を結べば専門職・研究職に対してみなし労働時間制を適用することを容認しています。

例えば、労使協定によって「専門職および研究職については、

１日９時間勤務したものとみなす」と定めれば、実際の勤務時間の長さにかかわらず、専門職と研究職の勤務時間を１日９時間と算定することができます。

②　みなし労働時間制の適用

みなし労働時間制には、図表に示すような効果が期待できます。このため、労使協定を締結し、みなし労働時間制を適用するのがよいでしょう。

図表　みなし労働時間制の効果

1	専門職・研究職の勤務時間管理を統一的・効率的に行える
2	勤務時間管理の手間を省ける
3	時間外勤務の長時間化に一定の歯止めを掛けられる
4	専門職・研究職の人事・給与管理の成果主義化を推進できる
5	その他

③　みなし時間の決め方

みなし勤務時間の決め方には、

・年間同一とする

・繁忙期と通常期とに区分して決める

・資格別に決める

などがあります。

図表　みなし時間の決め方

決め方	例
年間同一型	年間を通じて９時間
繁忙期・通常期別	繁忙期➡10時間 通常期➡９時間

資格別	上級職➡9時間 中級職➡9時間30分 初級職➡10時間

（注）いずれも1日当たり

3　社内規程例

フリータイム規程

（総則）

第1条　この規程は、フリータイム制について定める。

（適用対象者）

第2条　フリータイム制は、専門職および研究職の社員に適用する。

（適用社員の心得）

第3条　フリータイム制を適用される社員（以下、単に「社員」という）は、次の事項に留意して業務を遂行しなければならない。

（1）職務上の役割と責任を意識して業務を遂行すること

（2）あらかじめ1週または1ヶ月の業務計画を立てて業務を遂行すること

（3）勤務時間を有効に活用して業務を効率的に遂行すること

（4）会社から課せられた業務目標を責任を持って達成すること

（5）業務の遂行状況および結果を会社に適宜適切に報告すること

（6）業務の効率化と質の向上に創意工夫を図ること

（7）常に自己啓発に努めること

（勤務時間の清算期間）

第4条　勤務時間の清算期間は、21日から翌月20日までの1ヶ月とする。

（標準勤務時間）

第5条　1日の標準勤務時間は、8時間とする。

２　社員が次の事項に該当するときは、標準勤務時間勤務したものとみなす。

（１）年次有給休暇その他の有給休暇を取得したとき

（２）社外で業務に従事し、勤務時間を算定し難いとき

(清算期間の所定勤務時間)

第６条　清算期間の所定勤務時間は、次のとおりとする。

清算期間の所定勤務時間＝８時間×清算期間の所定勤務日数

(勤務時間帯)

第７条　勤務時間帯は、次のとおりとする。

勤務時間帯　午前８時～午後10時

２　社員は、勤務時間帯の任意の時刻から任意の時刻まで勤務するものとする。

(休憩)

第８条　社員は、勤務時間が６時間を超えるときは45分、８時間を超えるときは１時間の休憩を勤務時間の途中で取らなければならない。

(休日勤務等)

第９条　次の場合には、あらかじめ会社に届け出なければならない。

（１）休日に勤務するとき

（２）勤務時間帯の前後に勤務するとき

(勤務時間の過不足の取り扱い)

第10条　清算期間の勤務時間が所定勤務時間を超過したときは、超過した時間を時間外勤務として取り扱う。

２　勤務時間が所定勤務時間に不足したときは、不足時間を次の清算期間に繰り越すものとする。ただし、不足時間が20時間を超えるときは、20時間を超える時間に相応する給与を控除する。

(勤務時間の記録)

第11条　社員は、勤務時間を日々正しく記録し、これを清算期間終了後５日以内に会社に提出しなければならない。

（勤務時間の指定）

第12条　会社は、業務上必要であるときは、フリータイム制の適用を一時的に停止し、特定時刻から特定時刻までの勤務を命令することがある。

（勤務時間の算定）

第13条　会社が労働組合との間で、労働基準法第38条の３に定める「専門業務型裁量労働制に関する協定」を締結したときは、専門職および研究職は、その協定で定める時間、勤務したものとみなす。

（付則）この規程は、○年○月○日から施行する。

第8章

週休3日制の問題点と対策

第1節

時間外・休日勤務の増加と対策

1　時間外・休日勤務の増加

週休2日制から週休3日制に移行すると、勤務日数・勤務時間が減少します。

例えば、1日8時間勤務の会社が月2回の週休3日制に移行すると、勤務日数が1ヶ月2日、勤務時間が1ヶ月16時間少なくなります。これに伴って、仕事の量も減ることになります。商品の生産量も減り、販売量も減ります。

生産量・販売量の減少は、会社経営に大きな影響を与えます。

週休3日制に移行したときに、これまでと同じ生産量・販売量を維持するとなると、当然のことながら休日勤務・時間外勤務が増加することになります。

時間外勤務と休日勤務に対しては、労働基準法の定めるところにより、割増賃金の支払いが必要です。割増賃金の支払いは、経営を圧迫します。

割増賃金の増加による経費増は、他社との競争力を弱めることになります。

2　業務の見直し

（1）業務の見直しの必要性

週休2日制の下で行われている業務を、

・同じ量だけ

・同じ手段、方法で、

・同じ時期、同じ時間帯に

行っていたら、週休３日制によって時間外・休日勤務が増えるのは当然です。

週休３日制の下で時間外・休日勤務を減らすためには業務の見直しを行うことが必要不可欠です。業務の全般的な見直しは、週休３日制を成功させる重要な条件です。

（2）業務見直しの視点と方法

①　業務見直しの視点

会社ではさまざまな業務が行われています。毎日行われている業務もあれば、年に数回しか行われない仕事もあります。一人の社員だけで行われる仕事もあれば、数人の社員が共同で行うものもあります。定型的・反復的な業務もあれば、判断を必要とする仕事もあります。

業務は、すべて目的や必要性があって開始されたものです。しかし、経営環境や会社の業務内容が変化すれば、業務の必要性も変質します。また、デジタル化・機械化が可能な業務もあるでしょう。

現在行われているすべての業務について、図表に示すような視点から見直しを行います。

図表　業務見直しの視点（例）

◯その業務は、どのような目的で開始されたか ◯その業務は、会社の経営にどの程度役立っているか ◯その業務は、役員・役職者の意思決定に役立てられているか ◯その業務が行われないと、経営に支障が生じるか ◯その業務が行われないと、役員・役職者の意思決定に支障が生じるか ◯実施時期を他の時期に変更できないか ◯簡素化できないか ◯他の業務と統合することは不可能か ◯デジタル化、機械化することはできないか ◯パートタイマー等の担当とすることはできないか ◯その他

②　2人以上による見直し

一人の社員だけで見直しを行うと、評価の結果がその社員の個人的な意見や性格などによって大きく左右される危険性があります。

例えば、性格がおおまかな社員が見直しを行うと、評価が甘くなりがちです。これに対して、慎重な性格の社員が見直しを担当すると、評価も慎重になります。

業務の見直しは、会社にとってきわめて重要な作業です。このため、2人以上の社員によって行うのが望ましいといえます。

（3）業務の廃止・簡素化・継続等

見直しを踏まえて、週休3日制移行後の取り扱いを判定します。

遂行目的が明確で、経営に役立っていると認められる業務は継続します。

これに対して、役員や役職者の意思決定にあまり活用されておらず、他の部門の業務にも役立っていないと認められる業務は廃止するものとします。

　また、デジタル化した方が好ましいと認められる業務はデジタル化するものとし、その手順やスケジュールを検討します。

（4）社長決裁

　最終的な決定は、社長の決済を得て行います。

様式例　業務見直しの許可願い

○年○月○日

取締役社長殿

（役職・氏名）○○○○

○○部門の業務の見直しについて（伺い）

判定	業務の名称	判定理由等
①現行通り継続		
②廃止する		
③内容を簡素化する		
④他の業務と統合する		
⑤実施時期・時間帯を変更する		
⑥パートタイマー等の担当にする		
⑦その他		

以上

3　役職者への指示

（1）時間外勤務と役職者の業務管理能力

社員に対する時間外勤務の指示命令は、一般に役職者によって行われます。社長や人事部長が社員に対して時間外勤務を指示命令する会社は存在しないでしょう。

会社は、週休3日制後の時間外勤務の増加を抑制することが必要ですが、どれくらい抑制することができるかは役職者（部長・課長・係長）の業務管理能力（部下の使い方）によって大きく左右されます。

（2）役職者への指示

役職者は部門の最高責任者です。部下に対して業務の内容と量を指示命令する立場にあります。部下に時間外勤務を命令する権限を付与されています。

役職者が業務管理に工夫すれば、週休3日制に移行しても時間外勤務の増加を抑制することが可能です。しかし、業務管理に工夫を払わず、これまでと同じように部下を使っていたら、時間外勤務の増加を抑制することは期待できないでしょう。

時間外勤務の増加を抑制するため、次の事項に努めるよう、役職者に通知します。

図表　役職者への指示事項

1	1週および1ヶ月の合理的な業務計画を立て、その計画に沿って業務を進めること
2	業務計画を踏まえて、1週および1ヶ月の時間外勤務計画を立てること
3	時間外勤務計画の内容を部下に周知すること
4	業務計画および時間外勤務計画の進捗状況を適宜チェックし、必要に応じて修正すること。修正したときは、その

内容を部下に周知すること
5　その他

（3）通知文書の例

通知文書の例を示すと、次のとおりです。

様式例　役職者への通知

〇年〇月〇日

役職者へ

取締役社長

時間外勤務抑制のための業務管理について（指示）

週休３日制移行後、時間外勤務が増加する可能性があります。時間外勤務の増加を抑制するため、次の点に留意して業務管理を行うようにして下さい。

1　１週および１ヶ月の合理的な業務計画を立て、その計画に沿って業務を進めること
2　業務計画を踏まえて、１週および１ヶ月の時間外勤務計画を立てること
3　時間外勤務計画の内容を部下に周知すること
4　業務計画および時間外勤務計画の進捗状況を適宜チェックし、必要に応じて修正すること。修正したときは、その内容を部下に周知すること
5　部下の能力および勤続年数等をよく勘案して、各人の役割（業務の量その他）を決めること
6　部下に対する業務の指示は正確に行うこと。あいまいな指

示はしないこと
7　パートタイマー等を効果的に活用すること
8　業務処理の効率化・迅速化について、創意工夫を払うこと
9　日ごろから部下とのコミュニケーションに努め、風通しのよい職場の形成を図ること

以上

4　社員への指示

（1）裁量性業務と時間外勤務

時間外勤務（残業）は、本来的に会社（使用者）が社員に命令して行わせるものです。業務の量が多くて所定勤務時間では処理することができないときに行わせるものです。

しかし、事務・営業・企画（商品企画・業務企画・経営企画）・研究などのように業務の進め方を担当社員の裁量に委ねている分野では、

・時間外勤務をするかしないか
・時間外勤務をするときは、何時間するか

の判断を本人の裁量に委ねているのが実態でしょう。時間外勤務を本人の裁量に委ねないと、業務に支障が生じることになります。

経済構造の高度化・ソフト化・サービス化に伴って、このような裁量的業務に従事する社員が増加する傾向にあります。

裁量的な業務においては、週休3日制に伴って時間外勤務が増加する可能性があります。しかし、時間外勤務の増加は、会社にとって好ましいものではありません。

（2）業務遂行の心得

裁量的業務における時間外勤務の増加の抑制は、定型的・補助的な業務におけるそれに比較して相当に困難です。「勤務時間の有効

活用による業務の効率化以外に効果的な方策は存在しないともいえます。

勤務時間の有効活用による業務の効率化を促進するため、図表に示すような事項を社員に指示するのがよいでしょう。

図表　社員への指示事項

1　あらかじめ１週および１ヶ月の合理的な計画を立て、それに沿って業務を進めること
2　状況が変化したときは、業務計画を変更すること。状況の変化に柔軟に対応すること
3　勤務時間が労働基準法および就業規則によって制限されていることを意識して業務に取り組むこと
4　勤務時間を有効に活用して業務を効率的に進めること
5　１日および１週が経過したときは、勤務時間を有効に活用したかを反省し、その反省を以後の業務に役立てること
6　その他

第2節

時間外勤務の上限目標の設定と労使協定

1　上限目標設定の趣旨

周知のように、時間外勤務については、その上限時間について、労働組合と協定（いわゆる36協定）を結び、これを労働基準監督署に届け出ることが労働基準法で定められています。

36協定で定める時間は、あくまでも「業務上やむをえない場合は、この時間まで時間外勤務をさせることができる」という時間です。

ところが、役職者の中には「日常的にこの時間まで時間外勤務を命令することができる」と考え、毎月のように36協定の時間まで部下に時間外勤務を命令する人がいます。また、残業の決定を本人に委ねられている社員の中には「36協定の時間まで時間外勤務をしても差し支えない」と考え、毎月のように36協定の時間まで時間外勤務をする社員がいます。

週休３日制移行後は、時間外勤務の増加を抑制する措置を講じるのがよいでしょう。その観点から判断すると、36協定の時間の範囲において「上限の目標時間」を定めます。

例えば、36協定の時間が１ヶ月40時間であれば、上限の目標時間を30時間とします。そして、役職者と社員に対して、その時間の範囲において業務を行うよう、理解と協力を求めます。

2　上限目標の設定方法

（1）目標の設定期間

上限目標の設定期間については、１日、１週、１ヶ月、６ヶ月、

1年などがあります。

ビジネスの世界では、1ヶ月を単位として目標や計画を立てるケースが多くあります。このため、「1ヶ月○時間」という形で、1ヶ月を単位として上限目標を設定するのがよいでしょう。

なお、1日と1ヶ月の双方で目標を設定することも考えられます。

（2）目標時間の設定方法

目標時間の設定方法については

・年間を通じて同一時間とする

・繁忙期と通常期とに区分して設定する

・職種別に設定する

・時季別かつ職種別に設定する

などがあります。

図表　1ヶ月の残業時間の上限目標の決め方

決め方	例
年間同一方式	年間を通じて➡20時間
繁忙期・通常期別方式	繁忙期➡30時間 通常期➡20時間
職種別方式	事務職➡15時間 営業職➡30時間 企画職➡25時間 研究職➡36時間 その他➡20時間
職掌別方式	総合職➡25時間 一般職➡10時間

3　労使協定例

〇〇年〇〇月〇〇日

〇〇株式会社取締役社長〇〇〇〇

〇〇労働組合執行委員長〇〇〇〇

週休3日制実施に伴う時間外勤務時間の上限目標に関する労使協定

〇〇株式会社（以下、「会社」という。）と〇〇労働組合（以下、「組合」という。）とは、週休3日制の実施に伴う時間外勤務時間の上限目標について、次のとおり協定する。

1ヶ月の時間外勤務の上限時間の目標を次のとおりとする。

事務職　15時間
営業職　25時間
企画職　25時間
研究職　30時間
その他　20時間

この協定の有効期間は、〇〇年〇〇月〇〇日から1年とする。ただし、会社または組合のいずれかが有効期間満了の2ヶ月前までに異議を唱えないときは、さらに1年有効とし、以後も同様とする。

以上

第３節

定額残業代制と社内規程例

1　定額残業代制の趣旨と効果

（1）定額残業代制とは

通常は、社員一人ひとりについて、１ヶ月の残業時間（時間外勤務時間）をICカード、タイムカード、あるいは本人の自己申告などによって把握したうえで、その時間数に応じた残業代を支払います。残業時間は、社員によって異なります。また、一人の社員について見ても、残業時間は月によって異なります。残業時間の把握と計算は相当に大変です。

これに対して、毎月一定の残業が行われると見込んで、その時間に応じた残業代を支払うというのが定額残業代制です。例えば、毎月全社員が20時間残業をすると見込んで、20時間分の残業代をすべての社員に支払います。

（2）定額残業代制の効果と問題点

定額残業代制は、毎月一定の残業があると見込んで、残業代を計算するものです。残業に関する事務方の負担を軽くすることができます。

また、定額残業代制は、

・見込み時間以上の残業は原則として認めない

・見込み時間の枠の中で業務を遂行して欲しい

という会社（経営者）の強い意思を社員に示すものです。したがって、残業時間の増加を抑制するという効果が期待できます。

その一方で、残業代が固定化、硬直化するなどの問題点も指摘されています。

図表　定額残業代制の効果と問題点

効果	問題点
○残業代の計算の手間を省ける ○残業時間の管理を統一的・効率的に行える ○残業の増加を抑制できる ○その他	●残業代が固定化・硬直化する ●残業代の支払が保証されるので、業務改善への職場の取り組みがおろそかになる危険性がある ●その他

（3）社員にとってのメリット

定額残業代制は、社員にとっても、

・収入が安定する
・見込み時間の範囲内で効率的に仕事をすると、見込み時間と実勤務時間の差が所得となる（例えば、見込み時間が20時間であるときに、15時間で仕事を終えれば、5時間分の残業代が所得となる）

などのメリットがあります。

2　定額残業代制の設計と運用

（1）定額残業代制の形態

定額残業代制の形態には、組み込み型と手当型とがあります。

組み込み型の場合には、残業代がいくらなのかがわかりません。このため、社員が「残業代が支払われているのか」という疑念を持つ可能性があります。

会社としては、社員に対して残業代を明確にするべきです。したがって、手当型を採用するのが望ましいといえます。

図表　定額残業代の形態

組み込み型	残業代を組み込んで基本給を決める。例えば、30時間分の残業代を組み込んで、基本給を25万円とする。
手当型	基本給とは別建てで残業代を明示する。例えば、基本給25万円、残業代８万円とする。

（２）残業時間の決め方

１ヶ月の残業時間の決め方には、

・年間同一とする

・繁忙期と通常期とに区分して決める

・職種別に決める

・職掌（総合職・一般職）別に決める

などがあります。

残業時間が年間を通じてほぼ一定していれば、年間を通じて同一時間とするのが現実的です。

繁忙期と通常期とがある会社では、残業時間に相当の差が見られるのが普通です。このような会社では、繁忙期と通常期とに区分して残業時間を決めるのが合理的です。

職種によって残業時間に相当の差がある会社は、職種ごとに決めるのがよいでしょう。

同じ職種でも、社員によって残業時間が異なるのが一般的です。例えば、１ヶ月当たり15時間程度の社員もいれば、20時間程度の社員もいるでしょう。このように時間数が異なるときは、平均時間を採用するのが現実的でしょう。

図表　1ヶ月の残業時間の決め方

決め方	例
年間同一方式	年間を通じて➡20時間
繁忙期・通常期別方式	繁忙期➡30時間 通常期➡20時間
職種別方式	事務職➡15時間 営業職➡30時間 企画職➡25時間 研究職➡30時間 その他➡20時間
職掌別方式	総合職➡25時間 一般職➡10時間

（3）勤務時間の把握

会社は、定額残業代制の場合においても、社員一人ひとりについて、ICカード、タイムカード、あるいは自己申告などによって残業時間を把握することが必要です。

現在定額残業代制を実施している会社の経営者の中には「残業代については定額制を採用しているので時間を把握する必要はない」という人がいます。しかし、それは誤りです。

（4）勤務時間が見込み時間を超えたとき

仕事がきわめて忙しいときは、実際の勤務時間が見込み時間を超えることがあります。その場合には、見込み時間を超える時間に対して、追加的に残業代を支払うことが必要です。

例えば、見込み時間が1ヶ月20時間であるときに、25時間残業をしたときは、20時間を超える5時間に対して追加的に残業代を支払う必要があります。

見込み時間を超える時間に対して追加的に残業代を支払わないと、「残業を命令しておきながら残業代の一部を支払っていない」という理由で、労働基準法に違反することになります。

（５）勤務時間が見込み時間に不足したとき

実際の勤務時間が見込み時間に不足したときの対応としては、

・残業代の超過分を返還させる

・返還は特に求めない

の２つが考えられます。

返還は特に求めないものとするのがよいでしょう。

３　定額残業代規程例

定額残業代規程

（総則）

第１条　この規程は、定額残業代制度について定める。

（適用対象者の範囲）

第２条　この規程は、すべての社員に適用する。

（残業代の支払）

第３条　残業代については、毎月一定の残業が行われると見込み、毎月一定額を支払う。

２　残業時間は、別表のとおりとする。

（勤務時間が見込み時間を上回ったとき）

第４条　勤務時間が見込み時間を上回ったときは、上回った時間に相当する残業代を追加的に支払う。

（勤務時間が見込み時間を下回ったとき）

第５条　勤務時間が見込み時間を下回ったときは、下回った時間に相当する残業代は返還する必要はない。

（付則）この規程は、〇年〇月〇日から施行する。

別表　残業時間（１ヶ月当たり）

繁忙月（３月、12月）	30時間
通常月（繁忙月以外の月）	20時間

第4節

みなし労働時間制の適用

1　営業職のみなし労働時間制

（1）みなし労働時間制の効果

会社の経営において、営業社員の果たす役割にはきわめて大きいものがあります。営業社員が毎日のように取引先を訪問して商品やサービスを売るからこそ経営が成立するのです。

営業社員の職場は「社外」です。会社からメールや電話で商品を売ることも可能でしょう。しかし、それにはおのずから限界があります。やはり取引先に足を運んで商品の効能や品質・機能などをPRし、購入を促すほうが効果的です。

営業社員は社外で業務に従事するため、その勤務時間を正確に算定することができません。朝9時に会社を出て夕方6時に戻ってきたとしても、8時間程度仕事をしたのか、それとも3、4時間程度で済ませたのかわかりません。

労働基準法は、営業社員のこのような業務の性格に配慮して、営業社員に対してみなし労働時間制を適用することを認めています（いわゆる事業場外労働のみなし労働時間制）。

（2）長時間勤務の抑制効果

営業社員の勤務時間は、

・少しでも営業成績を伸ばしたいという意欲があること

・個人の営業目標、売上目標が高く設定されていること

・取引先が商品の購入に慎重であること

などから、長時間に及びがちです。時には、深夜に及ぶこともあり

ます。

営業社員の勤務時間が長くなるのは好ましいことではありません。みなし労働時間制は、長時間勤務を抑制するなどの効果があります。

図表　みなし労働時間制の効果

○営業社員の労働時間管理を統一的・効率的に行うことができる
○勤務時間が長くなるのを抑制できる
○残業手当の増加を抑制できる
○その他

(3) 所定みなしと所定外みなし

みなし時間には、所定みなしと所定外みなしの2つがあります。

営業社員の実際の勤務時間が1年をとおして8時間程度であれば、所定みなしを採用するのがよいでしょう。

これに対して、

・毎日のように8時間を超えて営業活動をしている

・8時間を超えて勤務しなければ営業目標を達成することが難しい

という場合には、所定外みなしを採用することが必要です。

図表　所定みなしと所定外みなし

所定みなし	所定外みなし
就業規則で定める所定勤務時間勤務したものとみなす制度。例えば、所定勤務時間が8時間の場合は、8時間勤務したものとみなす	所定勤務時間を超える時間勤務したものとみなす制度。例えば、9時間勤務したものとみなす

（４）みなし時間の決め方

所定外みなし時間の決め方には、

・年間同一時間とする

・繁忙期と通常期とに区分して決める

・担当地区別に決める

・担当顧客別に決める

・経験年数別に決める

などがあります。

営業社員の勤務時間が年間を通してほぼ同一であれば、同一時間方式を採用するのが当然です。

これに対して、繁忙期と通常期とがある会社は、繁忙期とそれ以外とに区分して決めるのが合理的です。

図表　営業社員のみなし時間の決め方

決め方	例
年間同一方式	９時間
繁忙期・通常期別	繁忙期➡10時間 通常期➡９時間
営業地域別	都心担当➡８時間30分 郊外担当➡９時間
顧客別方式	法人担当➡８時間 個人担当➡９時間
営業経験年数別	３年以下の社員➡10時間 ３年超の社員➡９時間

（５）みなし時間制実施上の留意点

みなし労働時間制は、営業社員の時間管理において便利な制度ですが、図表に示す事項に留意する必要があります。

図表　みなし時間制実施上の留意事項

①	営業社員の勤務実態に応じてみなし時間を決める（みなし時間が実際の時間よりも短いと、やる気を低下させる）
②	みなし時間は１日単位で決める
③	みなし時間が８時間を超えるときは、その超える時間を時間外勤務として取り扱い、時間外勤務手当を支払う
④	日々の勤務時間をICカード、タイムカード、自己申告などによって把握することが必要
⑤	営業社員が社内で１日勤務したときは、みなし時間は適用しない

（６）労使協定の締結

営業社員に対してみない時間制を適用することについては、労使協定を締結する必要はありません。しかし、労使協定が結ばれていないと、「みなし時間が短い」などの不満や苦情が生じる可能性があります。

みなし時間制を巡る不満、苦情、トラブルを防ぐという観点から判断すると、労使協定を締結するのがよいでしょう。協定の締結により、みなし時間制の強制力が確保されます。

（７）みなし時間制の労使協定例

○その１（一般的なもの）

〇〇年〇〇月〇〇日

〇〇株式会社取締役社長〇〇〇〇

〇〇労働組合執行委員長〇〇〇〇

営業社員のみなし勤務時間に関する労使協定

○○株式会社（以下、「会社」という。）と○○労働組合（以下、「組合」という。）とは、営業社員のみなし勤務時間について、次のとおり協定する。

営業社員が勤務時間の全部または一部を社外で業務に従事し、勤務時間を算定し難いときは、次の時間勤務したものとみなす。

繁忙期（３月、12月）　　10時間

通常期（繁忙期以外の月）　　８時間30分

この協定の有効期間は、○○年○○月○○日から１年とする。ただし、会社または組合のいずれかが有効期間満了の２ヶ月前までに異議を唱えないときは、さらに１年有効とし、以後も同様とする。

以上

○その２（勤務時間の短縮についても協定したもの）

○○年○○月○○日

○○株式会社取締役社長○○○○

○○労働組合執行委員長○○○○

営業社員の勤務時間管理に関する労使協定

○○株式会社（以下、「会社」という。）と○○労働組合（以下、「組合」という。）とは、営業社員の勤務時間管理について、次のとおり協定する。

１　基本姿勢

会社は、労働法令の定めを遵守し、営業社員の勤務時間を適正に管理する。

2　勤務時間の算定

営業社員が勤務時間の全部または一部を社外で業務に従事し、勤務時間を算定し難いときは、次の時間勤務したものとみなす。

（勤務時間）９時間

3　勤務時間短縮のための措置

会社は、営業社員の勤務時間を短縮するために、次の措置を講ずる。

（１）各人の能力と実績に応じた売上目標の設定
（２）直行直帰の奨励
（３）休日勤務の制限（１ヶ月○日まで）
（４）午後10時以降の残業の原則禁止
（５）年休の取得の奨励
（６）夏季における年休の計画的付与
（７）営業情報の共有化の推進
（８）その他

この協定の有効期間は、○○年○○月○○日から１年とする。ただし、会社または組合のいずれかが有効期間満了の２ヶ月前までに異議を唱えないときは、さらに１年有効とし、以後も同様とする。

以上

2　専門職のみなし労働時間制

（1）専門職の業務と専門型裁量労働制

①　増加する専門職

経済の高度化、高学歴者の増加などを背景にして、

・新商品、新技術の研究開発
・情報処理システムの分析、設計
・衣料、広告等のデザインの考案

などの専門的業務に従事する社員が増加しています。

専門職の活躍が会社の成長発展を支える時代となっています。いくら現在は高い業績を上げて成長しているといっても、専門職の人材が乏しければ今後の成長発展は期待できません。

② 専門職の業務の特徴

専門職の業務は、高度の専門知識を必要とする知的・頭脳的な業務です。業務の具体的な遂行を担当者の裁量に委ねなければならないという業務です。

専門的業務は、担当者の裁量性が高く、会社の指示が及ばないため、勤務時間を算定することはきわめて困難です。勤務時間については、

・本人の申告制とする
・みなし時間制とする

の２つのうち、いずれかを採用する以外に方法はないといえます。

③ 労働基準法の定め

労働基準法は、このような専門的業務の性格に配慮して、労使協定の締結を条件として、みなし労働時間制を適用することを容認しています。

労働基準法は、専門職の勤務時間の算定にみなし時間制を適用する制度を「専門業務型裁量労働制」と呼んでいます（第38条の３）。

（2）みなし時間制の効果

多くの専門職は、

・いい仕事をしたい
・いい仕事をしなければならない
・いい仕事ができるまで頑張る

という気持ちを持っています。このため、勤務時間が長くなりがちです。

これに対して、みなし勤務制は、

・これ以上の時間は、勤務時間としてカウントしない

・この時間の範囲で成果を挙げて欲しい

という、会社の強い意志を示す制度です。したがって、みなし勤務時間制を適用することにより、専門職の勤務時間の増加を抑制することができます。

専門職へのみなし時間制の適用には、このほかの効果も期待できます。

図表　専門職へのみなし時間制適用の効果

○専門職の勤務時間管理を統一的・効率的に行える ○専門職の時間意識を高めることができる ○勤務時間の長時間化を抑制できる ○限られた時間内での仕事の成果を評価することにより、成果主義の人事・給与制度を推進できる ○その他

（３）みなし時間の決め方

みなし時間の決め方には、主として、

・年間を通して同一とする

・繁忙期と通常期とに区分して決める

・資格等級別に決める

などがあります。

いずれの場合も、実態に応じて決めることが重要です。

例えば、研究職の場合、１日９時間程度勤務する人もいれば、10時間程度勤務する人もいるでしょう。平均的に見て９時間30分程度であれば、９時間30分をみなし時間とします。

図表　みなし時間の決め方

決め方	例
年間同一方式	年間を通じて➡9時間
繁忙期・通常期別	繁忙期➡10時間 通常期➡9時間
資格等級別	初級職➡10時間 中級職➡9時間30分 上級職➡9時間

（4）労使協定の事項

労働基準法は、労使協定において協定すべき事項を定めています。図表のとおりです。

図表　労使協定の事項

① 制度の対象となる業務
② みなし労働時間
③ 使用者は、対象となる業務に従事する者に対して、その業務を遂行する手段および時間配分等について具体的な指示をしないこと
④ 対象業務に従事する者の健康と福祉を確保するための措置を使用者が講じること
⑤ 対象業務に従事する者の苦情を処理するための措置を使用者が講じること
⑥ 対象業務に従事する者の健康と福祉を確保するために講じた措置、および苦情を処理するために講じた措置の記録を、協定の有効期間満了後3年間保存すること
⑦ 協定の有効期間

（5）みなし時間制の労使協定例

○その1（一般的なもの）

○○年○○月○○日

○○株式会社取締役社長○○○○

○○労働組合執行委員長○○○○

専門職のみなし勤務時間に関する労使協定

○○株式会社（以下、「会社」という。）と○○労働組合（以下、「組合」という。）とは、専門職のみなし勤務時間について、次のとおり協定する。

1　対象業務

新技術および新商品の開発

2　みなし勤務時間

9時間

3　業務の指示

会社は、対象業務従事者に対しては、業務遂行の手段および時間配分等については具体的な指示はしない。業務遂行の手段の選択および時間配分は、本人の裁量に委ねる。

4　健康・福祉対策

会社は、対象業務従事者の健康および福祉を確保するため、次の措置を講じる。

（1）深夜勤務の制限（1ヶ月○回まで）

（2）休日勤務の制限（1ヶ月○回まで）

（3）年休取得の奨励

（4）夏季における年休の計画的付与

（5）勤務時間インターバル制度の実施

（６）定期健康診断

５　苦情処理

対象業務従事者の業務上の苦情を受け付ける窓口を人事部に設ける。苦情の申出があったときは、関係者の話を聞くなどして、誠実に対応する。

６　記録の保存

会社は、次の記録をこの協定の有効期間終了後３年間保存する。

（１）会社が対象業務従事者の健康および福祉を確保するために講じた措置

（２）会社が対象業務従事者の苦情を処理するために講じた措置

この協定の有効期間は、○○年○○月○○日から１年とする。ただし、会社または組合のいずれかが有効期間満了の２ヶ月前までに異議を唱えないときは、さらに１年有効とし、以後も同様とする。

以上

○その２（繁忙期と通常期を区分するもの）

○○年○○月○○日

○○株式会社取締役社長○○○○

○○労働組合執行委員長○○○○

専門職のみなし勤務時間に関する労使協定

○○株式会社（以下、「会社」という。）と○○労働組合（以下、「組合」という。）とは、労働基準法第38条の３の定めるところにより、専門職のみなし勤務時間について、次のとおり協定する。

１　対象業務	情報処理システムの分析および設計

2　みなし勤務時間	繁忙期（3月、12月）　10時間 通常期　8時間30分
3　業務の指示	会社は、対象社員に対して、業務遂行の手段および時間配分について、具体的な指示は行わない
4　対象社員の健康・福祉対策	会社は、対象社員の健康と福祉を確保するために次の措置を講じる。 （1）深夜勤務の制限(1ヶ月○回まで) （2）休日勤務の制限(1ヶ月○回まで) （3）定期健康診断 （4）定期ストレスチェック （5）その他
5　苦情の処理	対象社員の苦情を受け付ける窓口を人事部に設ける。
6　記録の保存	会社は、次の記録を法令で定める期間保存する。 （1）対象社員の健康・福祉対策 （2）対象社員の苦情処理

この協定の有効期間は、○○年○○月○○日から1年とする。ただし、会社または組合のいずれかが有効期間満了の2ヶ月前までに異議を唱えないときは、さらに1年有効とし、以後も同様とする。

以上

第５節

職場コミュニケーションの停滞

１　週休３日制と職場コミュニケーション

会社は、組織です。したがって、会社の業務を円滑・効率的に進めていくうえで職場内のコミュニケーションはきわめて重要です。

いくら社員一人ひとりの職務遂行能力が優れていても相互のコミュニケーションに欠けると、その能力を最大限に発揮することはできません。また、部や課として仕事の進め方や組織の運営方針などについて一定の基準を決定したときは、その基準が迅速にスタッフ全員に周知される必要があります。しかし、コミュニケーションのルートや方法に問題があると、

・情報が一部の社員に伝わらない

・情報の内容が正しく伝わらない

・周知までに相当の時間がかかる

などの事象が生じます。職場内のコミュニケーションの重要性は、いくら強調しても強調しすぎることはないでしょう。

しかし、週休３日制に移行すると、勤務日数が減少するため、職場のコミュニケーションに問題が生じる可能性があります。

図表　職場コミュニケーションの内容

○役職者が部下に業務計画や業務予定などを知らせる
○役職者が部下に業務を指示する
○部下が役職者に業務の経過や結果を報告する
○部下が役職者に仕事の指示を求める
○部下が役職者になにか相談する
○社員同士で情報を交換する
○役職者と部下がフランクに話し合う
○その他

2　役職者への指示

役職者に対して、職場内のコミュニケーションの活性化にこれまで以上に積極的に取り組むよう指示します。

様式例　役職者への指示

○年○月○日

役職者へ

取締役社長

職場内のコミュニケーションの活性化について（指示）

業務を円滑かつ効率的進めていくうえで、職場のコミュニケーションはきわめて重要です。ところが、週休3日制への移行に伴って。勤務日数の減少などによりコミュニケーションが停滞する可能性があります。

職場のコミュニケーションが停滞することのないよう、部下への業務指示や部下からの業務報告の聴取など、コミュニケーションの活性化にこれまで以上に積極的に取り組むようにして下さい。

以上

3　社員への指示

社員に対しても、コミュニケーションの活性化を指示します。

様式例　社員への指示

○年○月○日

社員の皆さんへ

取締役社長

職場内のコミュニケーションの活性化について（指示）

業務を円滑かつ効率的に進めていくうえで、職場のコミュニケーションはきわめて重要です。ところが、週休3日制への移行に伴って。勤務日数の減少などによりコミュニケーションが停滞する可能性があります。

職場のコミュニケーションが停滞することのないよう、次のことをこれまで以上に心がけてください。

1　役職者への業務の経過と結果の報告

2　役職者への各種の連絡と相談

3　同僚社員との情報の交換

4　その他職場でのコミュニケーション

以上

第6節
部門間のコミュニケーションの停滞

1　経営と部門間コミュニケーション

会社経営は、その規模や業種を問わず、組織的・効率的に進めていくことが必要です。そのためには、部門間のコミュニケーション（情報の共有、提供）が必要です。各部門が自分の部門の利益と成果のみに集中・専念し、関係部門に提供すべき情報を提供しないというのでは、経営はうまくいきません。

部門間の情報の共有が円滑に行われないと、

・ビジネスチャンスを逸する
・取引先に迷惑を掛け、信用を失う
・法令に違反する
・生産コスト、販売コストが上昇する

など、さまざまな支障が生じます。

2　役職者への指示

週休3日制に移行すると、各部門が限られた期間の中で自分の部門の業務と責任を優先させることにより、部門間のコミュニケーションが低下する可能性があります。コミュニケーションの停滞は、経営にとってきわめて危険です。

部門間のコミュニケーションの責任者は役職者です。そこで、会社としては、役職者が情報を共有化する機会（部長会・課長会等）を整備すると同時に、役職者に対して、図表に示すようなことをきちんと行うことを指示するのがよいでしょう。

図表　役職者の心得

○自分の業務の遂行状況を適宜適切に関係部門に知らせること
○必要に応じて関係部門と協議すること
○必要に応じて、業務の遂行について関係部門の意見を求めること
○関係部門の業務に役立つ情報を外部から入手したときは、直ちに伝えること
○日ごろから関係部門とのコミュニケーションに努めること
○その他

第7節

副業（サイドワーク・ダブルワーク）の取り扱い

1　週休3日制と副業

（1）副業の増加

週休2日制から週休3日制に移行して休日が増加すると、副業（サイドワーク・ダブルワーク）をする社員が増加する可能性があります。

大半の社員には「収入を増やしたい」という希望があります。それに最近は、

・長期にわたって賃上げが抑制されてきた

・生活必需品を中心に消費者物価が上昇している

という事情があります。したがって、副業をする社員が増加する環境にあります。

（2）副業の禁止から容認へ

現在、多くの会社が「会社の業務に好ましくない影響を与える」などの理由から、社員の副業を禁止しています。しかし、自由時間をどのように過ごすかは社員の自由であることを考えると、副業を全面的に禁止するのは法律的に無理があるでしょう。

「業務に影響を与えない範囲内」など、一定の条件を付けて副業を容認するのが現実的でしょう。

（3）副業の取り扱い基準の明確化

副業については、「経験が豊かになる」「視野が広がる」などのメリットがあります。

しかし、その一方で、身体的な疲労による業務への影響など、多くの問題点のあることがかねてから指摘されています。

多くの問題点があることを考えると、一定の取り扱い基準を定めて副業管理をするのが合理的・現実的であるといえるでしょう。取り扱いの基準を設けることなく、社員の自由意思に委ねるのは問題です。

図表　副業のメリットと考えられる問題点

メリット	考えられる問題点
○経験が豊かになる ○社会人、職業人としての視野が拡大する ○その他	●身体的疲労と精神的ストレスにより、会社の業務に影響が出る ●会社の営業秘密、営業ノウハウが流出する ●会社が管理する顧客の個人情報が利用される ●会社の信用と名誉が低下する可能性がある ●その他

（4）取り扱いの基準の項目

副業の取り扱いの項目とその作成ポイントは、図表に示す通りです。

図表　副業の取扱基準の項目と作成ポイント

①容認する副業の範囲・業務➡業務への影響の程度等を勘案して決める
②副業開始の手続き➡会社への事前届出制とし、届出項目を定める
③副業時間の把握の方法➡本人に対し、定期的に勤務時間数を報告させる
④副業の禁止事項➡勤務時間中に副業関係の業務をすることなどを禁止する
⑤会社の免責事項➡本人と副業先とのトラブル等について、会社が責任を負わないことを明確にする

⑥副業内容の変更の勧告➡副業が会社の業務に影響を与えているときは、副業時間の短縮等を勧告する

2　副業の取り扱い

（1）容認しない副業

副業を容認する場合においても、業務への影響や社員の安全と健康の確保などの観点から、図表に示すものは容認しないのが適切でしょう。

図表　容認しない副業

- ●危険または有害な業務
- ●身体的または精神的な負荷の大きい業務
- ●長時間に及ぶ恐れのある業務
- ●会社の営業上の秘密が漏洩する恐れのあるもの
- ●会社と競業する業務
- ●会社の信用と名誉を低下させる恐れのあるもの
- ●その他副業としてふさわしくないもの

（2）届出

副業をするときは、あらかじめ次の事項を届け出なければならないものとします。

・会社名、事業所名、所在地
・担当する業務
・１週の勤務日数
・１日の勤務時間
・副業の開始日
・その他必要事項

様式例　副業届

○年○月○日

取締役社長殿

○○部○○課○○○○

副業届

会社名・事業所名	
所在地	
担当業務	
勤務日数・勤務時間数	
開始日	
その他	

以上

（３）勤務時間等の報告

会社は、使用者として、副業の日数や時間を把握する必要があります。そこで、社員に対して、勤務日数と時間を定期的に報告することを求めます。

様式例　勤務時間等の報告

○年○月○日

取締役社長殿

○○部○○課○○○○

勤務時間届

週の勤務日数	
週の勤務時間数	
その他	

以上

（4）副業の禁止事項

同僚社員に対する副業への参加の勧誘や、会社が作成している顧客リストの利用など、副業に関して社員がしてはならないことを明確にしておきます。

図表　社員の禁止事項

- ●勤務時間中に副業に関係する業務をすること
- ●他の社員に対して、副業に参加すること、または副業先の顧客となることを勧誘すること
- ●会社の顧客リストを副業に利用すること
- ●取引先に対して、副業先の顧客となることを勧誘すること
- ●副業を理由として、時間外勤務または休日勤務の命令を拒否すること
- ●その他

（5）所得の税務処理

社員に対して、副業で得た所得について、税務当局に正しく申告し、納税すること求めます。

（6）副業の中止届

副業を中止するときは、会社に届け出るものとします。

様式例　副業中止届

○年○月○日

取締役社長殿

○○部○○課○○○○

副業中止届

中止月日	
中止する理由	
その他	

以上

（7）会社の免責事項

副業については、一般に
・安易に副業先を決める
・安易に人を雇う
という傾向があります。このため、さまざまなトラブルや事件・事故が発生する可能性が高いといわれます。例えば、雇用主との間で、
・給与が約束した金額よりも少ない
・給与が所定の日に支払われない
・人手不足を理由として長時間働かされる
などのトラブルが発生します。

副業は、本人の自由意思で行われるものです。会社が指示したものでもなければ、奨励したものでもありません。また、会社以外の施設で、雇用主の指揮命令の下で行われるものです。したがって、副業に伴うトラブルや事件・事故について、会社はいっさい責任を負う必要もなければ、責任を負う義務もありません。

副業に伴うトラブル等について、会社はいっさい責任を負わない

ことを明確にしておくことが賢明です。

図表　会社の免責事項

●社員と副業の雇用主とのトラブル
●社員と副業先の顧客とのトラブル
●副業中の傷害
●副業先への通勤途上の事件・事故
●社員が副業で負った経済的損害
●その他副業に係る事件・事故・トラブル

（8）副業時間短縮等の勧告

副業は、会社の業務に影響を与えない範囲で行われるべきものです。しかし、実際には、業務に支障が生じることがあります。

勤務状況（欠勤、遅刻、早退）または勤務成績（業務の量、業務の質）その他から判断して、副業が業務に好ましくない影響を及ぼしていると認められるときは、図表に示すもののうち、いずれか1つ、または2つ以上を勧告するのがよいでしょう。

図表　副業社員への勧告事項

○副業時間の短縮
○副業先の変更
○業務の変更
○副業の中止
○その他

（9）副業の中止命令

社員が勧告に従わず、かつ、業務への影響が継続しているときは、副業の中止を命令するものとします。

第8節

副業規程例

副業の取り扱いを定めた社内規程の例を示すと、次のとおりです。

副業規程

（総則）

第１条　この規程は、社員の副業について定める。

（副業の容認）

第２条　会社は、社員が勤務時間外を利用して副業をすることを容認する。ただし、次に掲げるものを副業とすることは容認しない。

（１）危険または有害な業務

（２）身体的または精神的な負荷の大きい業務

（３）長時間に及ぶ恐れのある業務

（４）会社の営業上の秘密が漏洩する恐れのあるもの

（５）会社と競業する業務

（６）会社の信用と名誉を低下させる恐れのあるもの

（７）その他副業としてふさわしくないもの

（副業の届出）

第３条　社員は、副業をするときは、あらかじめ次の事項を届け出なければならない。

（１）会社名、事業所名、所在地

（２）担当する業務

（３）１週の勤務日数

（４）１日の勤務時間

（５）副業の開始日
（６）その他必要事項
２　届け出た事項を変更するときは、あらかじめ届け出なければならない。

（勤務日数等の報告）

第４条　副業を開始したときは、毎週、次の事項を報告しなければならない。
（１）１週の勤務日数
（２）１週の勤務時間数
（３）その他必要事項

（副業の禁止事項）

第５条　社員は、副業に関して次のことをしてはならない。
（１）勤務時間中に副業に関係する業務をすること
（２）他の社員に対して、副業に参加すること、または副業先の顧客となることを勧誘すること
（３）会社の顧客リストを副業に利用すること
（４）取引先に対して、副業先の顧客となることを勧誘すること
（５）副業を理由として、時間外勤務または休日勤務の命令を拒否すること

（税務処理）

第６条　社員は、副業で得た所得について、税務当局に正しく申告し、納税しなければならない。

（中止届）

第７条　社員は、副業を中止するときは、あらかじめ届け出なければならない。

（会社の免責事項）

第８条　会社は、次のことについていっさい責任を負わない。
（１）社員と副業の雇用主とのトラブル

（２）社員と副業先の顧客とのトラブル
（３）副業中の傷害
（４）副業先への通勤途上の事件・事故
（５）社員が副業で負った経済的損害
（６）その他副業に係る事件・事故・トラブル

（副業時間の短縮等の勧告）

第９条　会社は、勤務状況（欠勤、遅刻、早退）または勤務成績（業務の量、業務の質）その他から判断して、副業が業務に好ましくない影響を及ぼしていると認められるときは、次のいずれか１つ、または２つ以上を勧告することがある。

（１）副業時間の短縮
（２）副業先の変更
（３）業務の変更
（４）副業の中止
（５）その他

（副業の中止命令）

第10条　会社は、社員が前条に定める勧告に従わず、かつ、業務への影響が継続していると認められるときは、副業の中止を命令することがある。

（付則）

この規程は、〇年〇月〇日から施行する。

第9節
年休をめぐるトラブル

1　年休についての否定的発言

（1）役職者の責任

周知のように、年次有給休暇（年休）は、労働基準法によって定められている休暇です。労働に伴う疲労の回復と個人の生活の充実において、大きな役割を果たしています。

会社は、社員が請求した日に年休を付与する義務があります。法律では、請求された時季に付与すると、業務の正常な運営に支障が生じるときは他の時季に変更することができると定められていますが、時季変更権の行使にはきわめて厳しい条件が付けられています。

一方、役職者（部長・課長・係長）には、所管部門の業務を確実に達成すべき責任が課せられています。厳しい状況の中でその責任を果たすことは容易ではありません。

（2）年休の取得を牽制する

部下が年休を取得すると、それだけ職場の要員が少なくなり業務に影響します。このため、役職者の中には、職場において、

・年休を取ると、職場の仲間に迷惑を掛ける
・年休を取ってすることは週休日にすればよい
・年休は、特別のことがない限り取得しない方がよい

などと、部下の年休取得を牽制する発言を繰り返す者がいます。

役職者がそのような発言をすると、年休を取りにくくなります。その結果、職場の雰囲気が悪くなります。

図表　役職者の発言の影響

- ●年休を取りにくい雰囲気が形成される
- ●勤労意欲が低下する
- ●役職者への不信感が生じる

2　役職者への指示

週休3日制になり勤務日数が少なくなると、役職者による、年休取得を抑制する発言が増加する可能性があります。

役職者が職場において年休の取得を否定する発言をすることは、本来的に好ましいことではありません。部下の勤労意欲が低下します。職場の空気が悪くなります。

会社として、週休3日制へ移行するときは、年休の取り扱いについて、必要に応じて指示を出すのがよいでしょう。

様式例　役職者への指示

○年○月○日

役職者へ

取締役社長

年休の取り扱いについて（指示）

週休3日制の実施に当たり、年休について、次のことに留意するようお願いします。

1　年休は労働基準法で定められた制度であることを理解すること

2　年休は、特別の事情がない限り、部下が請求した日に付与

するること

3　職場において、年休の取得を牽制するような発言をしないこと。例えば、次のような発言は慎むこと

・年休を取ると、職場の仲間に迷惑を掛ける

・年休を取ってすることは週休日にすればよい

・年休は、特別のことがない限り取得しない方がよい

4　仕事の配分や人事考課などにおいて、年休をよく取る部下を不利に取り扱い、あまり取らない部下を有利に扱うことはしないこと

以上

3　部門別の年休取得率のチェック

会社では、ある部門の年休取得率が他の部門に比較してかなり低いということが生じる場合があります。

例えば、年間の年休取得率が総務部、営業部、商品開発部、技術部ではおおむね60％程度であるのに経理部では30％にも達しない、というケースです。このように、特定の部門の年休取得率が他の部門に比較して相当低いというのは、

・その部門の役職者が年休の取得について日ごろから否定的な発言をしているために、年休を取りにくい雰囲気がある

・その部門の人員が仕事の量に比較して少ない

など、何らかの原因があることを示しています。

同じ会社であるにもかかわらず、特定の部門の年休の取得率が他の部門に比較して相当に低いというのは、公平性・公正性という観点から判断して好ましいものではありません。

会社（人事部）は、毎年、部門ごとの年休取得率をチェックし、取得率が特に低い部門については、その要因を調査したうえで、し

かるべき対策を講じることが必要です。

様式例　部門別の年休取得率の比較表（○年度）

部門	年休取得率	備考

第10節

育児休職・看護休暇をめぐるトラブル

1　育児・介護休業法の規定

少子化の進展に対応して、育児と仕事の両立を支援することが社会的な課題となっています。このために育児・介護休業法が制定されていることは周知のとおりでしょう。

育児・介護休業法は、育児休業について「1歳未満の子を養育する労働者は、育児休業をすることができる」と定めています。

また、病気の子の世話などをする看護休暇について「小学校入学前の子を養育する労働者は、看護休暇を申し出ることができる」と規定しています。

育児休業（育児休職）も看護休暇も、育児と仕事の両立を支援する重要な制度です。

2　育児休職・看護休暇への批判的発言

役職者は、所管部門の業務を確実かつ効率的に遂行するという重い責任を負っています。役職者一人ひとりがその責任を果たすことによって、会社の経営が成り立ちます。

部下が育児休職・看護休暇を取得すると、それだけ職場の人手が少なくなるので、業務の遂行に影響が出ます。とりわけ、専門的な業務を担当している部下や経験の豊かな部下が数ヶ月、あるいは1年間休職すると、職場の業務への影響が大きいといえます。

このような事情から、役職者の中には、部下が育児休職・看護休暇制度を利用するのを牽制するため、制度について批判的・否定的な発言をする者がいます。

役職者の発言は、部下の社員に大きな影響を与えます。職場で役職者が育児休職について批判的・否定的な発言を繰り返すと、制度を取得しにくい雰囲気が形成されます。

看護休暇についても、同様です。

週休3日制に移行すると、勤務日数・勤務時間数が減少します。このため、否定的な発言が増加する可能性があります。

図表　育児休職・看護休暇制度への批判的発言の例

育児休職への批判	看護休暇についての批判
●休職されると人手が少なくなり、業務に大きな支障が出る ●休職は同僚に迷惑と負担を掛ける ●休職期間が長すぎる ●育児休職は会社にとって好ましくない制度だ ●その他	●看護は出勤前か帰宅後にすればよい ●看護は休日にすればよい ●看護は親に頼めばよい ●子供が病気をしても休暇を取らない者もいる ●休暇を取ると、同僚に迷惑を掛ける ●その他

3　役職者への指示

育児休職・看護休暇は、育児・介護休業で定められている制度です。会社が業務への影響などを理由として休業や休暇の申出を拒否することは法律で禁止されています。

役職者が育児休職や看護休暇に関して批判的・否定的な発言を繰り返すことは、法律違反とまではいえないにしても、好ましくないことです。

役職者の発言は、部下に大きな影響を与えます。

役職者に対して、育児休職・看護休暇制度に批判的な発言をしないよう、指示することが望ましいといえます。

様式例　役職者への指示

○年○月○日

役職者へ

取締役社長

育児休職・看護休暇について（指示）

1　育児休職および看護休暇は、育児・介護休業法で定められている制度であることを認識すること

2　育児休暇および看護休暇の取得について、批判的・否定的な発言を慎むこと。自分の発言が部下に大きな影響を与えることをよく自覚すること

3　育児休職を申し出た部下に対して、休職期間を短くするよう、指示命令しないこと

4　男性の部下が育児休職を申し出たときに、「育児は配偶者に任せればよい」「男は仕事、女は家事・育児」といった発言をしないこと

5　育児休職・看護休暇を取得した部下を仕事の配分や人事考課等で不利に取り扱い、取得しない部下を有利に取り扱うことはしないこと

以上

第11節
出向の時間差補償

1　出向の効果

出向は、周知のように、会社に籍を残したまま社員を子会社や取引先・サプライチェーン等に派遣し、その派遣先（出向先）の指揮命令の下に業務を行わせるという人事制度です。出向の中心は親会社から子会社への出向ですが、官庁や業界団体への出向もあります。

出向は、出向先との結びつきの強化などさまざまな効果が期待できるため、多くの会社で多用されています。

図表　出向の効果

○出向先との結びつきを強めることができる
○子会社の営業力・技術力を強化できる
○社員の職務能力の向上を図れる
○親会社のポスト不足に対応できる
○その他

2　勤務時間の増加

（1）労働組合の要求と補償

会社（出向元）が週休3日制に移行すると、子会社や取引先等へ出向したときに、勤務時間が長くなる可能性があります。

例えば、月2回の週休3日制を実施している会社から週休2日制の子会社へ出向すると、1ヶ月の勤務時間が16時間（8時間×2日）増加することになります（出向元・出向先ともに1日8時間制の場合）。

出向に伴って勤務時間が長くなるのは、組合員にとって不利益です。そこで労働組合は会社に対して「出向に伴って1ヶ月の勤務時間が長くなるときは、その時間差を補償して欲しい」と要求してくることが予想されます。

組合の補償要求に応じるかどうかは、もとより会社の自由ですが、出向者の勤労意欲の向上、労使の信頼関係の維持という観点から判断すると、要求に応じるのが望ましいといえます。

（2）補償の方法

補償の方法としては、実務的に、

・時間差の長短にかかわらず、一定の金額を支払う

・長くなる時間を時間外勤務とみなし、それに相応する時間外勤務手当相当額を支払う

の2つがあります。

出向者によって給与の額が異なることを考えると、給与額を反映することのできる時間外勤務手当方式を採用するのが合理的であるといえます。

3　労使協定例

○その1（一般的なもの）

○○年○○月○○日

○○株式会社取締役社長○○○○

○○労働組合執行委員長○○○○

出向者の時間差補償に関する労使協定

○○株式会社（以下、「会社」という。）と○○労働組合（以下、「組合」という。）とは、出向者の時間差補償について、次のとおり協定する。

出向に伴って1ヶ月の所定勤務時間が長くなるときは、長くなる時間を時間外勤務とみなし、その時間に相当する時間外勤務手当相当額を毎月出向者に支払う。

この協定の有効期間は、○○年○○月○○日から1年とする。ただし、会社または組合のいずれかが有効期間満了の2ヶ月前までに異議を唱えないときは、さらに1年有効とし、以後も同様とする。

以上

○その2（出向条件全般を協定するもの）

○○年○○月○○日

○○株式会社取締役社長○○○○

○○労働組合執行委員長○○○○

出向条件に関する労使協定

○○株式会社（以下、「会社」という。）と○○労働組合（以下、「組合」という。）とは、組合員の出向について、次のとおり協定する。

1　出向先

出向先は、子会社または取引先とする。

2　出向期間

出向期間は、原則として組合員1人1回当たり5年を超えないものとする。

3　出向者の所属

出向者は、人事部付とする。

4　出向者の給与・賞与

出向者の給与・賞与については、会社の給与規程の定めるところにより、会社が支給する。

5　勤務時間・休日・休暇

出向者の勤務時間・休日および休暇は、出向先の定めるところによる。ただし、年次有給休暇については、会社の定めるところによる。

6　勤務時間差の補償

出向に伴って1ヶ月の所定勤務時間が長くなるときは、長くなる時間を時間外勤務とみなし、その時間に相当する時間外勤務手当相当額を毎月出向者に支払う。

この協定の有効期間は、○○年○○月○○日から1年とする。ただし、会社または組合のいずれかが有効期間満了の2ヶ月前までに異議を唱えないときは、さらに1年有効とし、以後も同様とする。

以上

著者プロフィール

荻原　勝（おぎはら　まさる）
東京大学経済学部卒。民間企業、民間調査会社を経て、経営コンサルタントとして独立。現在、人材開発研究会代表。原稿の執筆とコンサルテーションの対象分野は、一般社員の人事労務（募集・採用～退職、給与・賞与・退職金）、就業規則、労使協定、役員・執行役員の処遇（報酬・賞与・退職慰労金）、コンプライアンス（法令遵守）および危機管理・リスクマネジメントなど。

〔著書〕
『選択型人事制度と社内規程』、『就業規則・給与規程の決め方・運用の仕方』、『多様化する給与制度実例集』、『多様な働き方に対応した労使協定のつくり方』、『改訂版・役員報酬・賞与・退職慰労金』。（以上、経営書院）
その他多数

週休３日制の設計と規程・協定

2024年７月17日　第１版第１刷発行　　　定価はカバーに表示してあります。

著　者　荻　原　　勝
発行者　平　　盛　之

㈱産労総合研究所
発行所　出版部　経営書院

〒100-0014
東京都千代田区永田町１-11-１　三宅坂ビル
電話　03(5860)9799　https://www.e-sanro.net

印刷・製本　勝美印刷

ISBN 978-4-86326-379-6 C2034